SIMENON UND MAIGRET
BITTEN ZU TISCH

ROBERT J. COURTINE

SIMENON UND MAIGRET BITTEN ZU TISCH

Die klassischen französischen Bistrorezepte der Madame Maigret

AT VERLAG

Aus dem Französischen übersetzt
von Pierre F. Sommer

Die französische Originalausgabe erschien 1992
unter dem Titel «Simenon et Maigret passent à table»
bei Editions Robert Laffont, Paris.

AT Verlag Aarau/Schweiz
Satz, Lithos und Druck: Grafische Betriebe
Aargauer Tagblatt AG, Aarau
Bindearbeiten: Buchbinderei Burkhardt, Mönchaltorf
Printed in Switzerland

ISBN 3-85502-515-0

INHALT

Mein lieber Courtine

Seit Jahren verzichte ich darauf, Vorworte zu verfassen. Sie würden einen grossen Teil der Zeit, die meinen Romanen gewidmet ist, beanspruchen, und ihre Anzahl würde ihnen jegliche Bedeutung nehmen. Könnten Sie diesen Brief, den ich Ihnen in aufrichtiger Freundschaft schreibe, als Vorwort akzeptieren?

Ich lese und bewundere Sie seit langem. Vor allem in den letzten Jahren entdeckten viele Leute eigene kulinarische Ambitionen, und fast jede Tages- oder Wochenzeitung hat ihre Rubrik zur Gastronomie. Meistens jedoch ist die Rede von einer Phantasieküche, die besser zu aufblasbaren Plastikmöbeln passen würde als in ein solides Esszimmer.

Ich würde Sie gerne den «letzten Klassiker» nennen, wenn nicht die Gefahr bestünde, Ihnen damit die Liebhaber einer Originalität um jeden Preis zu entfremden. Sie haben keine Mühe gescheut, jedes Gericht bis zu seinem des öfteren bäuerlichen Ursprung zurückzuverfolgen, das Warum der betreffenden Zutaten, Kocharten und Beilagen herauszufinden. Vielfach haben Sie auch mit Erfolg nach Vereinfachungen gesucht, die unsere armen Mägen von heute verlangen.

Ich habe Sie am Werk gesehen. Ihre Wissbegierde und Ihr Tatendurst versetzen mich immer in Verwunderung. Und im Zweifelsfall sind Sie es, an den ich mich wende, um klarzukommen.

Wir nannten unseren alten Freund Curnonsky «Prinz der Gastronomen». Sie sind der würdige Erbe dieses Titels, obschon ich ihn ein bisschen hochtrabend finde und den Ausdruck «Experte» vorziehe.

Es sind die Experten, die zwischen Fälschungen und echten Bildern, zwischen Kitsch und Kunst zu unterscheiden wissen. Sie tun es in Sachen der Küche, die auch eine Kunst ist, womöglich sogar die älteste. Sie wissen um meine Bewunderung für Sie. Mit diesem Brief-Vorwort möchte ich sie jenen wenigen unter Ihren Lesern vermitteln, die sie noch nicht teilen.

In Freundschaft, mein lieber Courtine,
Georges Simenon

SIMENON BITTET ZU TISCH

Die Gerichte der Kindheit

Das Sprichwort sagt, man ist, was man isst. Ich bin versucht, das Diktum noch tiefgründiger zu interpretieren und zu sagen: «Wir essen unsere Kindheit.» Um so bedauerlicher ist es, dass wir täglich mehr und mehr von dieser Wahrheit abrücken, da, was wir Fortschritt nennen, kaum mehr als nichtssagende Gleichmacherei ist, ja recht eigentlich ein Verrat an der Nahrung!

Doch wir – und die vorausgegangenen Generationen sogar noch in verstärktem Masse – haben «unsere Kindheit» gegessen, in anderen Worten, Mutters erdverbundene, unverfälschte häusliche Küche. Und etwas davon bleibt uns immer erhalten. In «Un banc au soleil» meint Simenon, dass uns ein Bestandteil unserer im Unterbewusstsein verankerten Kindheitserinnerung mehr oder weniger fürs Leben prägt, und zwar genau diese häusliche Küche.

Georges Simenons Vater war Wallone, seine Mutter Flämin und eine Spur Deutsche. Daher die beiden grundverschiedenen Küchen der Familie: diejenige der Rue Puits-en-sock, das heisst jene der Simenon, und die holländische seiner Mutter. «Bei uns zu Hause kannten wir zwei Kocharten. Diejenige meines Vaters bestand hauptsächlich aus dünn geschnittenem und durchgekochtem Beefsteak, etwas, das wir gerne als ‹Schuhsohlen› bezeichnen. Als Gemüse mochte er letztlich nur Erbsen... Und dazu eine Riesenportion Pommes frites. Meine Mutter dagegen schätzte nur Eintopfgerichte mit viel fettem Speck und Gemüse – Karotten, Lauch, grosse weisse Zwiebeln – und langgeschmorte Ragouts.»

Während der Woche blieb der Vater, Angestellter einer Versicherungsgesellschaft, über die Mittagszeit im Büro und kehrte erst zurück, nachdem die Mutter und Klein Georges bereits gegessen hatten: «Die Mittagssuppe war schon seit sieben Uhr morgens auf dem Herd und köchelte stundenlang vor sich hin.»

Sowohl von wallonischer wie von flämischer Seite drängte sich die belgische Küche mit ihren Miesmuscheln und Pommes frites auf. Diese kamen dreimal wöchentlich auf den Tisch, und es gab nie weniger als ein Kilo pro Person. Später erzählte Simenon, dass er als Achtjähriger Miesmuscheln über alles liebte. Und Reiskuchen.

Der kleine Georges empfand eine richtige Leidenschaft für dieses typisch belgische Dessert, welches meines Wissens gleichermassen wallonisch wie flämisch ist. Wenn er als Kind zum Kaffee zu einer seiner Tanten mitgenommen wurde, setzte sich das Menü unweigerlich aus einem Gleichschwerkuchen (eine deftige Angelegenheit, die ihm gar nicht zusagte, wie er später schrieb), einem Reis- und mehreren Früchtekuchen zusammen. Er tauschte dann jeweils seine Gebäckstücke gegen Reiskuchen ein, die er genoss.

Sehr schnell liess er auch Maigret an diesem Genuss teilhaben. Schon 1932 in «Chez les flamands» («Maigret bei den Flamen»), einem der ersten Maigret-Romane, wird der Kommissar dieses typische Dessert entdecken – und davon nachbestellen.

Als Lieblingsspeisen seiner Kindheit wird Simenon also neben Muscheln und Pommes frites den Reiskuchen nennen und ebenso mit Käse überbackene Makkaroni und Pudding: «Meine Mutter machte uns Pudding, wenn uns die Grippe ans Bett fesselte.» In Anlehnung an den mütterlichen Pudding wird Madame Maigret ihrem Kommissar und Gatten Milchomelett und Zitronen- oder Karamelcreme zubereiten, wenn er grippekrank ist!

Nach dem sonntäglichen Spaziergang kaufte Élise Simenon, bevor sie nach Hause gingen, fürs Abendessen gespickte Leber. Ich war lange auf der Suche nach dieser mit Speck gespickten Schweinsleber, die ich bei meinem ersten Besuch in Lüttich nirgends finden konnte. Mein Freund Jacques Kother, eminenter Gastronom und Direktor der schönen Brüsseler Revue «Le Guide des connaisseurs», hatte alle Mühe, einen Restaurateur ausfindig zu machen, der sich einverstanden erklärte, uns dieses populäre Gericht zuzubereiten. Ich habe es göttlich genossen. Wie der geistige Vater Maigrets schrieb, ist man bei den Simenon immer hungrig – und ich könnte dasselbe sagen.

Dieser gesunde Appetit Simenons findet sich auch in seinem Heisshunger auf den typisch nordischen Fisch, den Hering, wieder. In einem seiner «Dictées» vom Oktober 1976 schreibt er: «Ich habe mir ein wahres Festmahl einverleibt. Es gab weder Kaviar noch Languste, noch Fasan oder Wild. Es gab ganz einfach Matjes, die wir, Térésa und ich, gestern gefunden hatten, als wir uns die Nasen an den Schaufenstern plattdrückten, wenn ich mich so ausdrücken darf. Nur wenige kennen den Matjes, ausgenommen natürlich die Holländer, die sein Eintreffen ebenso ersehnen wie so zahlreiche Franzosen und Ausländer den Beaujolais nouveau. Es sind junge Heringe, die von weit im Norden her kommen und zart und fleischig geblieben sind. Man isst sie roh, Würze ist nicht nötig.»

Wer Matjes sagt, sagt auch (in etwa) Rollmops. Als Simenon die Geburt von Marc, seinem ältesten Sohn, in einer Brüsseler Klinik erwartete, war er in einer luxuriösen Unterkunft abgestiegen, dem Château de Tervueren. Als er das erste Mal in dem grossen, eleganten Speisesaal frühstückte, bestellte er bei dem vor Verblüffung erstarrten Ober zwei Rollmopse, Brötchen und zwei Bier!

Ein anderes Mal, als er in Amsterdam von seinem Verleger eingeladen war, bestellte er Schlag auf Schlag sechs Matjes. Danach, als Hauptgang, entschied er sich für geräucherten Aal. Diese Schwäche für rohen Fisch veranlasste ihn später zu bemerken: «Bei den grossen Köchen ist es heutzutage durchaus üblich, rohen Fisch zu servieren. Das ist überhaupt nicht neu. Ich habe in Tahiti Fische von ungefähr gleicher Grösse und ähnlichem Geschmack wie Matjes gegessen, bei denen man sich damit begnügte, sie eine Stunde in Kokosnussmilch einzulegen. Ich war ganz wild auf sie und habe beträchtliche Mengen davon gegessen.»

Dies dürfte ihn an Holland und die Ankunft der «neuen Holländer» (so werden dort die Heringe aus dem ersten Fang des Jahres genannt) erinnert haben. Nicht selten sieht man in den Strassen umherziehende Händler mit beflaggten Handkarren, die Heringe, die Rückengräte entfernt, roh, geräuchert oder ungeräuchert verkaufen. Die Käufer verzehren sie auf der Stelle, den Fisch zwischen Zeigefinger und Daumen gehalten, den Kopf nach hinten gebeugt, den gefrässigen Mund weit offen.

Die Kindheit Simenons, das waren die Buchweizenpfannkuchen! Seine Mutter und Tanten machten wie die meisten belgischen Hausfrauen stapelweise

Pfannkuchen mit sehr feinem Weissmehl, in Belgien «farine bouquet» genannt, und in der Folge haben die Pfannkuchen den Namen «Bouquettes» erhalten. Am Ostermontag pilgerte man jedes Jahr nach Chèvremont in der Nähe von Lüttich. Auf dem höchsten Punkt des Kreuzwegs befand sich ein Bauernhof mit Tischen fürs Picknick. Dort gab es sogenanntes «Frikassee, Speck mit Eiern, und riesige Reistorten, dass mir das Wasser im Mund zusammenlief». Aber die Simenon waren nicht reich. Sie begnügten sich mit mitgebrachten hartgekochten Eiern und Butterbroten.

Um das Einkommen ein bisschen aufzubessern, überredete Élise Désiré, Untermieter aufzunehmen. Ausländische Studenten (Lüttich ist eine Universitätsstadt), die hauptsächlich aus dem Osten kamen, aus Polen und Russland. So entdeckte Simenon als Kind eine Küche, «die wir wahrscheinlich als einzige in Lüttich zu kosten Gelegenheit hatten. Das ging von Kirschensuppe bis zum Borschtsch aus Russland. Es gab roten Borschtsch, mit roten Rüben, und grünen Borschtsch, mit Spinat zubereitet, mit einem Huhn oder einem grossen Stück Rindfleisch darin.» In «Un banc au soleil» führt Simenon weiter aus: «Im letzten Moment fügte man mehrere Tage alten Rahm bei. Rahm wurde zu jener Zeit vor allem zum Garnieren von Saint-Honoré-Torten und anderem Backwerk gebraucht.»

Der kleine Georges schätzte diese kulinarischen Erfahrungen. Wenn er von der Schule heimkam, zog er, sobald er die Haustüre öffnete, die Düfte, die aus der Küche kamen, ein und wusste bereits, was es zu essen gab: «Auch wenn ich noch kein Kenner war, als Schlemmer war ich qualifiziert!»

Die Ankunft in Paris

Bis dahin kannte Georges Simenon – streng katholisch erzogen, in der Folge Aushilfe in einer Buchhandlung, dann Jungjournalist bei der «Gazette de Liège» – nur die zweifache belgische Küche (und einige mitteleuropäisch angehauchte Gerichte dank der Untermieter seiner Mutter). Von seinem Zuhause war er kaum weggekommen, wenn man von einigen Spritztouren ins angrenzende Deutschland nach dem Krieg absieht. Aber Paris lockt, und 1922 zieht er hin. Er ist neunzehn.

1981, zum Achtzigsten des «Fouquet's», hatte ich Simenon gebeten, mir einige Erinnerungen an dieses berühmte Haus, von dem er in seinen Büchern so oft spricht, mitzuteilen. Er schrieb mir dazu den folgenden Text.

Das Greenhorn und das «Fouquet's»

«Es war im Dezember 1922. Zwei Tage zuvor war ich mit der Bahn angekommen, mit dem Nachtzug, den ich für die Fahrt ins grosse Abenteuer in Lüttich bestiegen hatte.

An diesem zweiten Abend in Paris habe ich mir die Champs-Elysées vorgenommen, von welchen ich soviel gehört hatte. Nicht ein einziges Licht, nur die Gaslampen, welche den Sprühregen trübten. Nicht eine einzige Boutique. Nichts als die grauen, nüchternen Fassaden der hoffärtigen Herrschaftshäuser.

Doch! Ein gelblicher Lichtschimmer hinter grossen Fenstern mit undurchdringlichen Vorhängen. Da war sie also, diese stille, verschwiegene Welt, wo nur die Schritte der wenigen Fussgänger und der Hall der noch rareren Pferdedroschken zu hören waren, das illustre Herz jenes Paris, von welchem der schmächtige junge Mann, der ich war, träumte.

Von diesem Abend ist mir nur jenes gedämpfte Licht geblieben, welches matt über die breite Bretterchaussée schimmerte.

Im Frühling habe ich das ‹Fouquet's› in seinem ganzen Glanz erlebt, bei Sonnenschein, mit seiner Terrasse. Man ahnte, dass hier nur Auserwählte das Privileg eines Sitzplatzes beanspruchen konnten. Kein anderes Restaurant, keine andere Terrasse längs der Avenue. Kein Laden. Aber die Sechsspänner, welche beim Klang der Trompeten von den Pferderennen in Longchamp zurückkamen; die Herren in Jacketts, mit perlgrauen Zylinderhüten, weisse Gamaschen über den Lackschuhen, Ferngläser umgehängt; die schönsten Frauen von Paris in Frühlingsgarderobe und mit opulenten, blumengeschmückten Strohhüten herausgeputzt.

Diese Herrschaften bildeten lange die aristokratische Kundschaft des ‹Fouquet's›, und nur zaghaft getraute ich mich, sie aus der Nähe zu beschauen.

Es dauerte nicht allzulange, bis auch die Stars aus der Welt des Films sich das erlauchte Restaurant zu eigen machten, dessen Stammgast auch ich werden sollte, zusammen mit Marcel Pagnol, Raimu, Achard, allen Grössen der weissen Leinwand und der Bühne, Produzenten und Schauspieler manchmal am gleichen Tisch, um mit gedämpfter Stimme einen Vertrag auszuhandeln.

Theater und Kino bunt durcheinandergemischt, man schloss sich in kleinen Gruppen zusammen, und ich gehörte zur Nachhut, welche das Etablissement erst

LE PRE CATELAN Bois de Boulogne
FOUQUET'S
FOUQUET'S
SOUPERS
FOUQUET'S

dann und widerwillig nur verliess, wenn die Kellner die Stühle auf die Tische stellten.

Wen hat man nicht alles gekannt? Ich erinnere mich an eine reife Frau, die eine der Königinnen des Tout-Paris der Belle Époque gewesen war und, wie es hiess, die schlankste Taille der Welt hatte. In Armut geraten, immer noch würdevoll, diskret gekleidet, setzte sie sich jeden Mittag und jeden Abend an den gleichen Tisch, der links von der Drehtür für sie reserviert war und wo man ihr bis zu ihrem Tod nie eine Rechnung präsentierte.

Auch dies war das ‹Fouquet's›…, und das ‹Fouquet's› lebt weiter!»

In diesen ersten Pariser Wochen stand es für Simenon wirklich ausser Frage, in dem berühmten Haus zu verkehren. Er hatte in der Rue du Faubourg-Saint-Honoré ein Studio (ohne Küche, wie er betont) gemietet und ernährte sich von Brot und Camembert: «Ich hatte entdeckt, dass die Camemberts der dritten Qualität den anderen etwas voraus hatten: Wenn man die Hälfte gegessen hatte, fermentierte der Rest weiter, und anderntags fand man die Schachtel wieder voll vor.» Auf diese Art währte ein Camembert mehrere Tage. Er hatte sich einen Kocher gekauft, um die Kutteln, die er in den «Halles» bei Pharamond kaufte, zuzubereiten. Gewiss, für Kutteln empfand er keine unwiderstehliche Vorliebe, aber die fettige Sauce verlangte nach einem ganzen Baguette zur Begleitung, so dass ein Topf Kutteln ebensolang, wenn nicht sogar länger währte als ein Camembert.

Er bewahrte seinen Camembert im leeren Kaminabzug auf. Eines Tages lief ihm leider ein schön überreifer davon, floss über den Zugregler ab, und die

Schlummermutter bemerkte es. Der kleine «Sim» – er hatte angefangen, seine ersten Geschichten mit diesem Namenskürzel zu signieren – wurde stante pede vor die Türe gesetzt. Von da an wurde es zu seiner Leidenschaft, die (damals zahlreichen) kleinen Restaurants aufzuspüren, die sich als «Restaurants für Kutscher und Chauffeure» empfahlen.

Er erzählt davon in «Un banc au soleil»: «Es frequentierten sie praktisch nur Stammgäste, Kutscher und Chauffeure oder Leute wie ich, die auf von der Wirtin selbst zubereitete, einfache und unverfälschte Gerichte aus waren. Die Theke war aus echtem Zinn; der Wein kam vom Bruder, vom Cousin oder vom Schwager des Wirtes, kleine Landweine, die nicht den Umweg über die ‹Halles› von Bercy gemacht hatten. Das Menü war mit Kreide auf einer Schiefertafel angeschrieben und bestand neben Knollensellerie und einer Sardine aus einem einzigen Hauptgang. Der Wirt servierte selbst, wenn er nicht eine Tochter oder Nichte hatte, die in der schwarzen Schürze von Tisch zu Tisch ging. Bistro und Küche waren durch eine Glastür getrennt, und man konnte zusehen, wie sich die Wirtin am Herd zu schaffen machte. Der Küche entströmten appetitliche Düfte, und es war eigentlich überflüssig, auf die Schiefertafel zu schauen, um zu wissen, was es gab. Aus dieser Zeit stammt wohl auch meine Vorliebe für grillierte Andouillettes, Rindsschmorbraten, Frikandeau mit Kerbel und fast alle anderen Gerichte, die ich in der Folge meinem wackeren Maigret aufgedrängt habe.»

Auf den Spuren der Küchen Frankreichs

Simenon kehrte nach Lüttich zurück, um Régine Renchon, der man liebevoll den Spitznamen Tigy verpasst hatte, zu heiraten. Köstlich, wie er erzählt, dass er am Tag der Hochzeit zusammen mit ihrer Mutter im Fiaker auf dem Weg zur Kirche dieser pausenlos Kochrezepte erzählte, weil er befürchtete, sie könnte vielleicht weinen, und er wüsste dann nicht, was er ihr sagen sollte!

Dann zurück nach Paris, zu zweit. Erste Zeichen des Durchbruchs zum Erfolg; die Anstellung von «Boule», welche zur unzertrennlichen Gouvernante-Köchin-Freundin des Ehepaars (und später auch dessen Sohnes Marc) wurde. Mit Tigy, Boule und einem grossen, treuen Hund Entdeckungsreisen durch Frankreich, an Bord der «Ostrogoth» kreuz und quer auf dem französischen Kanalnetz (und bis ins Ausland – in Delfzijl, auf dem Schiff, entsteht 1929 der erste Roman «Pietr le Letton»), später mit der Bahn und schliesslich mit dem Auto.

So drang er in das Herz der Provinzen ein: ihre Küche! Antibes 1931, wo er entdeckte, dass die Insel Porquerolles, Schauplatz zahlreicher künftiger Romane, ihre eigene Küche hatte. Die Vendée, dann La Rochelle und der Küstenstrich der Charente. Schliesslich die Wälder von Orléans, der Zipfel der Loire, wo er Maigret in Meung-sur-Loire in den Ruhestand treten liess. Überall, in La Ferté-Alais wie in Morsang, in La Rochelle und dann auf seinem Gut nahe von Marsilly, wo er sich 1932 niederliess (nachdem er zuvor in der gleichen Gegend in Nieul-sur-Mer und Fontenay-

SPECIALITES
Damoy
1 Assiette
a tout Acheteurs
de
1 Camembert
30% AFFINÉ
La Pièce
54 F

le-Compte gewohnt hatte), während der Sommer von 1933 bis 1937 auf Porquerolles, an allen diesen Orten liebte es Simenon, auf dem Markt einzukaufen, wenn es ihm schon nicht möglich war, seinen eigenen Garten zu bestellen, sein Geflügel aufzuziehen, Fische und Schalentiere selbst zu fangen.

Auf seinen Exkursionen durch Frankreich – und er hat dies des öfteren unterstrichen – hielt Simenon immer Ausschau nach einer Herberge, einem kleinen Restaurant, wo die Wirtin selber kochte und der Wirt sich um den Wein und die Gäste kümmerte. «Es kam vor, dass ein Poulet eine halbe Stunde bevor man es servierte, geschlachtet wurde. Auch die Gemüse holte man im letzten Moment aus dem Garten. Ein improvisiertes Abendessen zusammen mit Tigy in einem Landgasthof, wo man niemanden erwartet hatte, bleibt für mich eine der unvergesslichen gastronomischen Erinnerungen. Zum Beginn Dreiminuteneier, die auf direktem Weg vom Hühnerhof kamen, dann kleine echte Ziegenkäse, Chabichous (der älteste französische Ziegenweichkäse, von ausgeprägt würzigem Geschmack) – damals gab es sie noch, die authentischen –, und schliesslich einen pikanten Kuchen, den man uns in letzter Minute zubereitet hatte; als man ihn auftrug, war er noch lauwarm.»

Diese Mahlzeit hätte auch seinen Freund Curnonsky, den «Prinz der Gastronomen» und Schöpfer des Ausdrucks «Gastronomade», dem Simenon mit aufrichtiger Bewunderung zugetan war, hell begeistert. War nicht er es, der den Köchen in den grossen Städten immer wieder empfahl: «Und vor allem, macht es einfach!» Dies brach den Stab über die Nouvelle cuisine, bevor die Medien sie aus der Taufe hoben!

Simenon hat es mir des öfteren wiederholt: «Diese Liebe zu einfachen Gerichten ist auch ein Verdienst meiner Mutter, die mich seit meiner frühesten Kindheit jeden Morgen mit auf den Markt nahm.» Vor dem Hintergrund dieser Erinnerungen beklagte er dann auch das Überhandnehmen der Einkaufszentren auf Kosten der Märkte, der Supermärkte mit ihren in Zellophan verpackten Steaks, den tiefgekühlten Fischen, Gemüsen und Früchten... Ohne sich Rechenschaft darüber abzulegen, hat er diese Nostalgie auf Maigret übertragen. Deshalb bin ich stolz darauf, dass er eines Tages anerkennend sagte, dass «es mein Freund Courtine war, der alle diese alten, schlichten Rezepte zusammengetragen hat».

Ja, er erinnerte sich noch in Épalinges jener Zeit, als er fast jede Nacht mit seinem Matrosen Tado fischte und seinen Freunden Bouillabaisse auftischte!

Während seines ganzen Lebens ging Simenon zu früher Stunde auf dem Markt einkaufen. Sein Leben lang stellte er auch frühmorgens den Speisezettel für den Tag zusammen und gab Boule oder später den zwei Köchen, die er nacheinander in Épalinges beschäftigte, die Rezepte. Ich kann mich noch gut erinnern, und ich werde darauf zurückkommen, wie er mich eines Tages auf den Markt von Riponne in Lausanne mitnahm (gibt's den noch?).

Nach dem Krieg zog er über Kanada in die Vereinigten Staaten. Fast zehn Jahre lebte er wechselweise in Florida, Arizona, Kalifornien und Connecticut. Es gefiel ihm dort. Und keineswegs rümpfte er die Nase über die dortige Küche, er mass sie einfach mit ihrer eigenen Elle. Er war weit in der Welt herumgekommen! Alle Küchen hatte er gekostet, die afrikanische, die asiatische, die südamerikanische. Wie er sagte, kam ihm «dies sehr zustatten, um die Palette meiner üblichen Menüs zu erweitern». Aber er fügte hinzu: «Bei den exotischen Gerichten bin ich selten über einen längeren Zeitraum geblieben.» Erst 1955 kamen die Simenon nach Europa zurück. Mit Tigy, mit der ihn eigentlich nie ein herzliches Verhältnis verbunden hatte, war Simenon nach Amerika verreist, und mit Denise, einer jungen Kanadierin, kehrte er zurück. Er hatte sie als Sekretärin angestellt und machte sie dann zu seiner zweiten Gemahlin. Auf dem Rückweg hielten sie sich mit Sohn Johnny und der unentbehrlichen Boule einige Tage in Paris auf.

Sven Nielsen, sein Verleger, hatte eine Zimmerflucht im «Claridge» reserviert und einen Empfang organisiert, auf dem Simenon seine Freunde wiedertraf, Michel Simon, Jean Gabin, Marcel Achard, Jean Cocteau, Fernandel. Im Polizeipräsidium wurde ein grosses offizielles Mittagessen gegeben. Als Menü Steinbutt Dugléré und Canard à l'orange (Dugléré ist der wenig wohlklingende Name eines Bordeleser Chefkochs, der lange Zeit die Küche des berühmten «Café anglais» führte, für sein Rezept von Steinbutt mit Weisswein und Tomaten).

Dann reiste das Paar für einige Tage zu Pagnol nach Monte Carlo, besuchte Rom, dinierte auf der Yacht von Alexander Korda vor Antibes und kehrte schliesslich nach Lüttich zurück.

Zwei sehr spezielle Mahlzeiten

Eines Tages rief ich Simenon im «Claridge» an und lud ihn zum Abendessen ein. Wir einigten uns auf ein

Datum, und ich schlug «Lasserre» vor. Denyse (die sich inzwischen mit «y» schrieb, da ihr dies distinguierter erschien) machte aus der Fünferpartie eine grosse Geschichte, organisiert von Sven Nielsen. Aber Schwamm drüber… Ich hatte Georges vorgeschlagen, unseren gemeinsamen Freund Michel Simon einzuladen, und er freute sich. Er in seinem Waadtländer Akzent und Denise in ihrem kanadischen fingen an, Geschichten zu erzählen. Diejenigen, die sie in ihrem Buch wiedergibt, erreichen niemals das Niveau der folgenden Anekdote von ihrem Bruder (mit ihrem kanadischen Akzent erzählt, erhielt sie noch zusätzlich das gewisse Etwas!). Nun, 1944 ging ihr Bruder mit seinem Regiment auf dem italienischen Stiefel an Land. Auf dem Weg nach Rom blieb ihr Jeep im Schlamm stecken. Sie riefen Leute herbei, die ihnen helfen sollten, das Gefährt aus dem Dreck zu ziehen. Umsonst. Zu zehnt gelang es ihnen nicht. Einer der G.I.s stieg schliesslich aus und stiess den Jeep mit einem gewaltigen Kraftakt aus dem Morast. Wie er in sein Vehikel zurückstieg, zeigte er auf die verdutzten Italiener (vielleicht waren sie auch klammheimlich zufrieden, wer weiss?) und sagte: «Und aus dem machen sie Päpste!»

Aber ich komme vom Thema ab. Für dieses Diner hatte ich mich bei meinem guten Freund Lasserre angesagt, und als der Ober die Karte brachte, ergriff ich das Wort: «Sie können Ihren Hauptgang auswählen, aber mit Ihrer Erlaubnis werde ich die Vorspeise für alle bestellen.» Ich vermag mich nicht mehr an die einzelnen Gerichte zu erinnern. Vielleicht entschied sich Georges für Canard à l'orange (die Ente bei Lasserre, die beste seit Menschengedenken, liess uns diejenige im Polizeipräsidium mühelos vergessen). Zum Entree wurde eine grosse Platte Muscheln nach Seemannsart und eine noch grössere mit Pommes frites aufgetischt. Mein lieber Simenon hatte Tränen in den Augen.

Wir haben uns dann über belgische Gerichte unterhalten. Ich erzählte, wie ich in Brüssel des öftern, aber erfolglos nach der gespickten Leber seiner Kindheit gesucht hatte und dass ich in Lüttich in den Schaufenstern der Metzgereien Kalbskopf nach Schildkrötenart gesehen hatte, ohne mich je daranzuwagen.

Wir verliessen «Lasserre». Vor dem Lokal befand sich eine Sitzbank, Denise und Michel Simon liessen sich auf einen Schwatz darauf nieder, während sich Simenon noch einmal bei mir für die Muscheln und Pommes frites bedankte. (Es war sicherlich das erste und letzte Mal, dass dieses eminent belgische Gericht in den heiligen Hallen des grossen Restaurants des «Club de la Casserole» zu Ehren kam.)

In der Folge zogen die Simenon an die französische Riviera, und daraufhin liessen sie sich in der Schweiz nieder, zuerst in Echandens, dann in Épalinges. Und es war von Épalinges aus, dass er mir eines Tages schrieb: «Kommen Sie, ich habe für Sie einen Kalbskopf nach Schildkrötenart!»

Sein damaliger Koch, ein junger Waadtländer namens Michel Gaillard, hatte sich mit der belgischen Küche und dem Geschmack Simenons vertraut gemacht und kochte ebenso gut Braten wie Bouillabaisse, die Gerichte Louisianas wie Kanadas. Am Samstagmorgen ging Simenon auf dem Markt von Riponne einkaufen. Immer wieder schärfte er Gaillard ein: «Wesentlich ist absolute Frische! Produkte, die eine

Woche im Kühlschrank zugebracht haben, haben, auch wenn sie gut zubereitet werden, mit gastronomischem Verständnis nichts zu tun.» Zum Auftakt taten wir uns an einer Flasche Champagner Cuvée René Lalou gütlich, dann gab es frische Morchelschnitten und schliesslich diesen berühmten Kalbskopf nach Schildkrötenart. Für mich ist dies ein mittelalterliches Gericht, das ich seither oft als «gotisch» bezeichnet habe: Es enthält Kalbskopf, -hirn und -zunge in einer Sauce mit Oliven, Champignons, Trüffeln, hartgekochten Eiern und dazu Pommes frites («à la belge», wie Simenon sagte). Ich kostete es aus und dachte an eines seiner Worte, das mir immer gefallen hatte: «Gute Küche ist Erinnerung!»

Die einfache Küche der letzten Jahre

Am 2. September 1972 bot Simenon sein sonderbares Haus in Épalinges zum Verkauf feil (ohne dass es ihm das Herz zerriss, wie er später schrieb). Sechs Tage darauf kaufte er in einem Lausanner Hochhaus zwei Appartements, die er zu einem umbauen liess. Am 27. Oktober zog er mit Térésa ein. Von dieser Wohnung aus hatte er Blick auf ein kleines rosarotes Haus mit Gärtchen, welches von einer hundertjährigen Libanon-Zeder beherrscht wurde. Kaum zwei Jahre später zog er dort ein, vom achten Stock zurück auf die Erde!

Dort starb Georges Simenon dann auch, siebzehn Jahre später. 1977 schrieb er: «In unserem kleinen rosaroten Haus habe ich die einfachen, fast ärmlichen

Gerichte meiner Kindheit wiedergefunden, und ich schwelge in ihnen... Rund um die Welt habe ich die ungewöhnlichsten Spezialitäten probiert. Heute, wo ich eigentlich die fetten Tage leben möchte, ist meine Leibspeise ein Gericht, das uns meine Mutter einmal pro Woche machte: Griess mit Korinthen.» In seinen «Dictées» heisst es dazu: «Heutzutage macht es mir überhaupt nichts aus, während zwei oder drei Tagen das gleiche Menü zu essen. Im Gegenteil, es gefällt mir, ein einfaches Gericht wiederzufinden, welches mir schon am Vortag gemundet hat.» Oder: «Gelegentlich eine Scheibe Schinken, öfter ein Suppenhuhn oder einen Rindsbraten, dies sind Beispiele von Abendessen, wie ich sie liebe. Eine Consommé oder eine Gemüsebouillon, Ricotta und nachher eine deftige Portion Griess mit Korinthen...»

Doch man läge falsch zu glauben, es handle sich dabei nicht mehr um Gastronomie! Im Gegenteil. Das Wiedersehen mit der Einfachheit der Gerichte seiner Kindheit bedeutete auch das Wiedersehen mit der wahren Küche, derjenigen, die von Herzen kommt, der ehrlichen Küche der Natur. Enttäuscht notierte Simenon deshalb: «Auch in Frankreich diktiert Tiefkühlkost den Markt. Man isst in Frankreich ebensoviel tiefgekühlte Fische wie anderswo. Es gibt Bouillabaisse in gepflegt aussehenden Büchsen von Köchen, die sich lange Zeit allem verweigert hatten, was nach Konserven aussah. Ich bin nicht ihr Fürsprecher. Ich liebe Fische, die frisch aus dem Wasser kommen. Ich liebe Gemüse frisch aus dem Garten. Kann es noch eine Gastronomie geben, die diesen Namen verdient, wenn wir nur noch fast ausschliesslich Gerichte essen, die mit Produkten (Fleisch, Gemüse, Geflügel oder Wild) zubereitet sind, welche künstlich gezogen wurden und, auf Eis gelegt, rund um die Welt gereist sind?»

Als ich ihn das letzte Mal in seinem kleinen rosaroten Haus in der Avenue des Figuiers besuchte, haben wir uns abermals über die Küche unterhalten, liessen die «Pinte Besson» und ihren in Dezilitern ausgeschenkten Fendant wiederaufleben, den Markt von Riponne, das über hundertjährige Restaurant «Grappe d'Or» in der Rue Cheneau-de-Bourg, dessen alten Besitzer wir beide noch gekannt hatten und welches auch heute noch eines der besten Restaurants in Lausanne ist.

Und sprachen wir nicht auch indirekt von Küche und Köchen, wenn ich an das charmante Aperçu denke: «Liebe ist wie Mayonnaise, entweder sie bindet, oder sie gerinnt. Unglücklicherweise kann man eine Liebe, die nicht ‹bindet›, nicht ebenso mit ein wenig Olivenöl oder einem zusätzlichen Ei retten.»

Und als ich ihn auf das Essen bei Maigret ansprach, meinte er: «Man hat mich einmal nach meinem Liebesideal gefragt, worauf ich antwortete: ‹Madame Maigret›!«

ES HALLES

MAIGRET BITTET ZU TISCH

Maigret im «Fouquet's»

Simenon zu Ehren und in seinem Stil habe ich eines Tages diese kleine Geschichte geschrieben, die er gerne entgegennahm.

Maigret stiess die Drehtüre des «Fouquet's» auf. Es war gerade 20 Uhr, und ihm war warm. Es war der 18. Januar, und urplötzlich, am Nachmittag, war die Temperatur angestiegen. Am Morgen war es noch kalt und trocken gewesen, und Madame Maigret hatte ihm seinen dicken Wollschal eigenhändig um den Hals gebunden: «Wenn Du nicht früh nach Hause kommst...» Und dann hatte das Wetter jäh umgeschlagen. Am nächsten Tag war diese Erwärmung den Zeitungen die Schlagzeilen wert. So etwas hatte es seit Januar 1893 nicht mehr gegeben!

Maigret stand da, in der Mitte des Restaurants, den Hut auf der verschwitzten Stirn, die Pfeife im Mund und diesen verflixten Schal um den Hals. Die Garderobenfrau eilte herbei und machte erstaunt vor dieser massigen, wie versteinert in der Mitte des Saales stehenden Gestalt halt. Sie war neu hier. Ein Ober trat dazwischen: «Guten Abend, Herr Kommissar, einen Tisch? Möchten Sie vielleicht zuerst an die Bar?» Brummend liess sich Maigret seinen Mantel abnehmen, steuerte auf die Bar zu und stützte die Ellbogen auf dem Tresen in der Nähe des Telefons auf. «Einen Porto! Nein, einen Cognac mit Wasser! Nein! ein... Egal, ein Bier!» Der Kommissar kippte sein Glas in einem Zug, wischte sich die Stirne mit seinem grossen, diskret blaugestreiften Taschentuch ab und stopfte seine Pfeife. Das Telefon klingelte. «Für Sie, Kommissar», sagte Vonick, der zweite Barmann.

– «Ja? Lucas?»

– «Er ist bei der Alma-Brücke angekommen. Dann ist er die Uferböschung hinabgestiegen und schien zu zögern. Aber Janvier war ihm auf den Fersen, er ist wieder heraufgekommen. Jetzt ist er auf der Brücke. Er schaut abwechslungsweise das Wasser und Janvier an und macht dazu eine vorwurfsvolle Miene. Keine Gefahr, dass er sich über die Brüstung stürzt, Janvier ist in Tuchfühlung.»

Da Maigret nichts sagte: «Also gut, ich gehe zurück...»

– «Richtig, weiter so... Lapointe?»

– «Hinter Janvier, Chef.»

Maigret stiess einen Seufzer aus, hängte auf, gab Vonick mit einem Zeichen zu verstehen, dass er noch ein Bier wollte, drehte sich zu den Tischen der Bar um. Im hinteren, kürzlich renovierten Teil zur Terrasse hin schwatzten Raimu und sein unzertrennlicher Maupi, Marcel Pagnol und Georges Simenon. Simenon sah ihn, erhob sich und kam ihm die Hand schütteln: «Nanu, Kommissar, auf der Jagd oder auf Kneipentour?» Der Kommissar seufzte, musterte seinen Biographen, zuckte die Achseln: «Sie haben eine schöne Pfeife, Georges!» Und da sein Blick gerade über alle Gesichter streifte, antwortete der Schriftsteller: «Hübsche Gesellschaft, was? Aber nichts für Sie, nehme ich an...» Im gleichen Augenblick klingelte das Telefon: «Für Sie, Kommissar!» Es war wieder Lucas: «Er ist hierher zurückgekommen. Ich rufe Sie von der ‹Brasserie de L'Alma› aus an, wo er gerade hereinkam, Lapointe auf seinen Fersen. Sie bestellen Whisky. Doppelten! Wenn's so weitergeht, werden sie beide in einem schönen Zustand sein!»

Maigret lächelte vor sich hin. Der kleine Lapointe, wie man ihn im «Quai» nannte, seit er vor fünfzehn Jahren mit seiner Studentenallüre eingetreten war, hatte sich nachgerade gemacht.

Er legte den Hörer auf. Zündete seine Pfeife wieder an. Auf seiner Stirn bildete sich eine Sorgenfalte. War es richtig, Bredonville anzuklagen? Und ihn dann laufen zu lassen?

Simenon hatte sich wieder zu seinen Freunden gesetzt. Die anderen Tische leerten sich, aber neue Gäste nahmen die Plätze sogleich in Beschlag. Maigret erkannte Gesichter wieder, einige berühmte darunter, denen er in den Gängen des Polizeigebäudes begegnet war, bei einem Kollegen vom Allgemeinen Nachrichtendienst. Ein berühmter Regisseur sprach mit lauter Stimme, als wolle er seine junge Begleiterin beeindrucken. Zwei Ausländer unterschrieben Dokumente. Eine in die Jahre gekommene Schauspielerin fingerte geziert an ihren falschen Perlen und antwortete einem alten Herrn, der...

– «Monsieur Maigret, Telefon...»

– «Hallo! Ja?»

Es war noch einmal Lucas: «Er ist jetzt im ‹Relais›, gegenüber. Er trinkt einen Whisky. Nein, Janvier ist mit ihm hineingegangen, aber er hat ein Vittel bestellt. Sollen wir weitermachen?»

Armer Lucas! Er hatte nichts kapiert, er fragte sich, ob der Kommissar nicht auf dem trockenen fischte. Die Bemerkung seines Vorgesetzten liess ihn zusammenzucken: «Man sollte sich vergewissern, ob er bewaffnet ist.»

Nachdem er aufgehängt hatte, bestellte Maigret noch einmal ein Bier, dessen Schaum er, ohne zu trinken, zusammenfallen liess. Er versuchte, die Szene zu rekonstruieren, die sich kurz zuvor im Büro von Gérard Bredonville abgespielt hatte. Hatte er einen Fehler gemacht? Stephen Brodsky, einer dieser Produzenten, deren Name nie auf dem Vorspann auftauchte, war mit einem Revolverschuss getötet worden. Die Kugel hatte man nicht gefunden. Hingegen hatte man schnell in Erfahrung gebracht, dass Brodsky sich mit seinem Generalsekretär, Gérard Bredonville, am Vorabend gestritten hatte.

Dieser, ein junger Mann aus einer angesehenen bürgerlichen Familie aus dem Bourbonnais, hatte sich zuerst als Journalist versucht, begeisterte sich in der Folge für den Film und war von Brodsky schliesslich an die Spitze des Phoenix Studios befördert worden. Egal, dass noch kein Streifen gedreht worden war, dass die Monatsenden Teil des Schwindels waren, dass Gérard wegen einer undurchsichtigen Affäre mit einer Wechselunterschrift einen alten Onkel in Moulins mit einem S. O. S. hatte um Hilfe bitten müssen und dass dieser sich nur nach langem Betteln zur rettenden Überweisung bequemt hatte. Hatte Gérard gemerkt, dass sein Partner ihn in eine Falle gelockt hatte? Hatte er Brodsky gedroht, alles aufzudecken? Und hatte dieser ihm den Ball zurückgespielt und ihm klargemacht, dass er, Bredonville, ins Kittchen wandern würde? Für die Tatzeit (welche der Gerichtsarzt auf die Zeit zwischen 19 und 22 Uhr festgelegt hatte) hatte er kein Alibi. Er beteuerte, um 18 Uhr nach Moulins gefahren zu sein, nach seinem Streit mit dem Betrüger. Der Rest war konfus. Maigret hatte ihn im Büro, wo die Tat begangen worden war, einvernommen, angesichts der mit Kreide auf dem abgewetzten Teppich skizzierten

Körperumrisse des Opfers. Er bestritt. Die Tatwaffe hatte man nicht gefunden. Es war schwierig zu beweisen, dass Bredonville später als er sagte, Paris verlassen hatte und dass seine Behauptung, in der Nähe der Bézards einen platten Reifen eingefangen zu haben, nicht der Wahrheit entsprach. In der kleinen Bar in Cosnes-sur-Loire, wo er angeblich in Eile ein Sandwich mit einem Glas Sancerre verschlungen hatte, erinnerte man sich nicht an ihn…

Sollte man ihn in den «Quai» abführen? Ihm «das Singen beibringen», wie sich Torrence und Lucas ausdrückten? Maigret hatte gezögert.

«Schau mal her, Kleiner», knurrte er endlich, «Du machst einen Fehler, zu leugnen, Dich zu wehren. Immerhin war Brodsky ein Gauner. Zweifelsohne hat er Dir gedroht. Wenn Du gestehst, kommst Du mit ein paar Jahren davon, vielleicht nicht einmal das… Ich müsste Dich eigentlich verhaften, aber es ist spät. Ich habe Hunger. Du bist frei. Ich gehe gegenüber ins ‹Fouquet's› etwas essen. Wenn Du Dich entschieden hast, kannst Du später hinkommen und es mir sagen.» Er war aufgestanden. Er hatte seinen schweren Mantel nicht ausgezogen, und die Hitze brachte ihn fast um. Mit einem Zeichen gab er Lucas zu verstehen, dass er ihm in den Korridor folgen sollte: «Behalte ihn mit Janvier in den Augen, er wartet unten. Wenn nötig, soll einer von euch Lapointe kommen lassen. Achtung, dass er mir keine Dummheiten macht.»

– «Glauben Sie, er wird Ihnen nachkommen, Chef?»

– «Weiss nicht. Wenn er nicht ins Wasser springt… Da würde er uns was Schönes einbrocken. Da könnte Richter Caméliau… Also! Los dann…»

So war es gekommen, dass er sich in der Bar des «Fouquet's» befand.

«Hallo, Lucas, ja! In der Bar des ‹Georges V› diesmal mit Janvier? Schön, er ist nicht bewaffnet? Lapointe hat ihn angerempelt, um sicher zu sein, als sie das ‹Relais› verliessen? Gut! Lass mir Nino, den Barkeeper grüssen.»

– «Noch ein Bier, Herr Kommissar?»

– «Nein, ich setze mich zu Tisch ...»

Noch schwerfälliger durchquerte er das Restaurant, nahm am ersten Tisch rechts Platz, vis-à-vis von Maurice Casanova, dem Patron. Monsieur Charles brachte die Karte: «Wir haben einen schönen frischen Lachs in Gelee, Monsieur Maigret!»

– «Und da drin?» Er zeigte mit dem Finger auf den silbernen Servierwagen.

– «Warmer Schinken mit Spinat, Herr Kommissar.»

– «Schön, Schinken mit Pommes frites, bis Sie mit Ihrem Zeug kommen, dem Lachs. Und Bier!»

Bevor der Lachs serviert wurde, rief man ihn ans Telefon an die Bar.

«Hier Maigret! Im ‹Vieux Berlin›? Diesmal ein Bier? Gut. Es hat den Anschein, er komme hierher! Mal sehen ...»

Jetzt brachte man ihm schöne Scheiben von Beinschinken, rosafarben wie ein Sonnenaufgang über dem Meer, mit einer monumentalen Portion Pommes frites. Bredonville kam herein. Er war in Wirklichkeit noch ein richtiger Grünschnabel. Er schien sich fehl am Platz zu fühlen, obwohl er in den letzten Monaten hier Stammgast gespielt hatte. Trotz der Hitze schien er zu frösteln. Janvier, der ihm auf den Fersen gefolgt war, reagierte auf das Augenzeichen des Kommissars und verliess das Lokal wieder. Bredonville zauderte, bemerkte ihn. Seine Lippen verzogen sich zu einem bittern Grinsen. Maigret unterdrückte einen tiefen Seufzer, sagte nichts, gab sich den Anschein, ihn nicht zu kennen.

«Jetzt sind Sie zufrieden, was?»

Der Kommissar hob den Kopf. «Ach so! Sie sind's. Setzen Sie sich, essen Sie etwas mit mir, Sie müssen hungrig sein, da Sie von Moulins zurückgekommen sind, ohne zu Mittag zu essen. Schinken? Aber ja, mit Pommes frites. Ober, Pommes frites! Und ein Bier!»

Bredonville ass mit gespitzten Lippen, warf hin und wieder verdutzt kurze Blicke auf den massigen Mann ihm gegenüber, der ganz offensichtlich die knusprigen, goldgelben Pommes frites genoss. Für Maigret ein intensiver Moment von geniesserischem Wohlgefühl und vagem Sinnieren.

«An was denkt er?» fragte sich Bredonville. «Mir Handschellen anzulegen? Und wenn ich weiter ableugne? Schlägt man sie noch im ‹Quai›, die Mörder?» Er hätte sehr gestaunt, wenn er gewusst hätte, dass Maigret zu diesem Zeitpunkt an den verdammten Wollschal dachte, den er sich von seiner Frau hatte aufschwatzen lassen und der ihm seit dem Mittag lästig war. Und er staunte noch mehr, als Maigret dem Ober mit einem Zeichen zu verstehen gab, dass er die Käseplatte wünsche. Die Käse vom Hof Saint-Hubert sahen herrlich aus. «Geben Sie mir etwas Fourme», sagte der Kommissar. «Und ein wenig von diesem da, vom Ziegenkäse, jawohl. Er schmeckt ähnlich wie der Chambérat aus dem Bourbonnais, nicht wahr, Gérard? Ich komme nämlich auch von dort, von Saint-Fiacre, wo mein Vater Gutsverwalter war...»

Da brach Gérard Bredonville zusammen, die Tränen stiegen ihm in die Augen.

«Ich habe ihn getötet, Kommissar, es ist wahr. Aber ich schwöre Ihnen…»

– «Ich weiss, mein Kleiner, ich weiss… Lass uns einen Kaffee nehmen, dann begeben wir uns in aller Ruhe in den ‹Quai›…»

Er bezahlte und erhob sich in seiner ganzen Grösse. Man brachte ihm seinen Mantel, seinen Hut und seinen dicken Wollschal, den Madame Maigret so liebevoll gestrickt hatte. Er stopfte gemächlich seine Pfeife. An der Bar waren nicht mehr viele Leute, Simenon und seine Freunde waren gegangen, vielleicht zu einer Filmvorführung. Von einem Film eines echten Produzenten. Schade. Er hätte ihm gern die Hand geschüttelt und gesagt… Was hätte er ihm gesagt? Dass er seine Ermittlungen in wenigen Stunden abgeschlossen hatte, ohne das «Fouquet's» zu verlassen, oder fast?

Hatte Lucas inzwischen auf der gedeckten Terrasse etwas getrunken? Ein Sandwich gegessen?

Lucas kam herein. «Ruf ein Taxi», sagte Maigret. «Dann kannst Du gehen. Aber ruf vorher noch Madame Maigret an und sag ihr, ich sei noch für eine Stunde beschäftigt.»

Dann wandte er sich zu Gérard Bredonville um, der über seine Kaffeetasse gebeugt eine letzte Träne zerdrückte: «Gehen wir, junger Mann!»

Maigret tafelt

Die Kritiker fragen sich noch, bis zu welchem Punkt Simenon Maigret ist und Maigret Simenon... In Sachen Küche sind sie bestimmt ein Herz und eine Seele. Männer des grossen Appetits, aber auch der geniesserischen Weisheit, unersättliche Liebhaber der bodenständigen Küche (hier jene von Lüttich mit flämischem Einschlag mütterlicherseits, dort jene des Bourbonnais mit eingeheiratetem elsässischem Einfluss).

Madame Maigret ist nicht nur Simenons «Liebesideal». Sie ist auch ein bisschen die Mutter, die er sich gewünscht hätte. Ihre Küche hat ihn instinktiv angesprochen, es ist jene der häuslichen Harmonie, von Kindheitserinnerungen geprägt. Eine frauliche Küche auch!

Simenon hat es wiederholt eingestanden: Seinem Helden hat er den eigenen Appetit und seine Lieblingsgerichte unterschoben. Er hat seinen Kommissar in kleine Bistros geführt, die zu ihrer Welt geworden sind. Häufig ist dort eine Frau am Herd, und für sie ist der Kommissar weniger ein Kunde als ein grosses, leckermäuliges Kind, das es zu beschützen gilt.

Auf diese Art lernte Maigret, nach Simenon, all die schönen Speisen und die friedliche Atmosphäre der kleinen, familiären Kneipen schätzen. Dazu gesellen sich die Elsässer Gerichte der guten Madame Maigret, die sich übrigens durchaus dazu bereit fand, zu Hause Speisen zuzubereiten, welche Maigret andernorts kennengelernt hatte. Wie Simenon, der am Anfang seiner Karriere gezwungenermassen mit Brasserien (deren lautes Ambiente, die Anonymität und das herrlich frische Bier er übrigens überaus schätzte) und Mahlzeiten auf gut Glück vorliebnehmen musste, hat auch Maigret eine Vorliebe für Quartierwirtschaften, regionale Spezialitäten, Gerichte für den gesunden Appetit. Andouillettes, Frikandeau mit Sauerampfer, Rindsrostbraten vom Wagen mit einem Haufen Pommes frites, um diesen massigen Körper zu ernähren, dessen Aktivität auch Momente «sinneslustigen Geniessens» nicht ausschloss. Ich bin manchmal Gast am Tisch meines lieben Freundes Georges Simenon gewesen. Noch so gerne wäre ich es auch an jenem Maigrets gewesen!

September 1989: Maigret ist tot. Ob wohl sein Schatten unter der alten Zeder im Lausanner Garten, wo die Asche Simenons sich mit jener seiner Tochter Mary-Jo vereinigte, mit ihrem Schöpfer Rückschau auf kulinarische Erlebnisse hält?

Ein Jahr zuvor kam ich auf die Idee, in einigen Pariser Restaurants Gedenktafeln anzubringen:

Georges Simenon zu Ehren
Dies ist der Platz von Hauptkommissar
Jules Maigret, Schlemmer und Ehrengast
dieses Hauses.

Natürlich würde die erste im von Simenon so geliebten «Fouquet's» hängen, das er sich bei seiner Ankunft in Paris «ansah», und dessen Name in seinen Werken über fünfzig Mal erwähnt wird.

Die anderen Tafeln müssten kleine Bistros würdigen, rare Artikel heutzutage, wo wir, wenn wir uns niederlassen, noch träumen können, Maigret zu begegnen vermeinen, der mal schmollend, mal griesgrämig, glücklich, erschöpft, entspannt, immer sich selber treu, den Forderungen seines Metiers gehorchend, auf einem Stuhl mit dem Rücken zur Wand mit professionellem Blick das Kommen und Gehen beobachtet.

Hier einige dieser Maigret-Lokale in Paris:

«L'Impasse» (4, impasse Guéménée, IVe), wo sich Maigret am Ragout nach Grossmutterart von «Maman» Collard gütlich tat.

«Le Petit Tonneau» (20, rue Surcouf, VIIe), wo er, als sei es ein feierlicher Akt, die rustikale Torte von Ginette Boyer bestellte.

Die «Ferme des Mathurins» (17, rue Vignon, VIIIe), wo der Kommissar mit Vorliebe den Schinken mit Rahm von René Marin ass.

Das «Restaurant du Marché» (59, rue de Dantzig, XVe), wo er der Omelette mit Entenhaut von Christiane Massia nicht widerstehen konnte.

«Chez Benoît» (20, rue Saint-Martin, IVe), wo er seine Mahlzeiten jeweils mit dem Rindssalat begann.

«Chez Léon» (32, rue Legendre, XVIIe), wo ihn gepökeltes Schweinefleisch mit Linsen erwartete.

«Chez Fred» (190bis, bd Pereire, XVIIe) mit seinen berühmten Andouillettes.

«Chez Philippe» (106, rue de la Folie-Méricourt, XIe), wo der Kommissar natürlich Cassoulet nach Toulouser Art wählte.

«La Côte de Bœuf» (4, rue Saussier-Leroy, XVIIe), wo Maigret sich (wenn er mit Lucas zusammen ist) an jenem Rindskotelett, das dem Lokal den Namen gab, gütlich tut oder, wenn er allein ist, an Blutwurst mit Äpfeln, gefolgt von Andouillette (von dem «Verein der Liebhaber der authentischen Andouillettes»), mit einer Flasche Cahors begossen.

Und selbstverständlich dann in der «Taverne Henri IV» (13, place du Pont-Neuf, Ier), dem Treff der Schlemmer des Gerichtshofs und der Gerichtspolizei nebenan. Maigret ging mit seinen Untergebenen hin (Lucas, Torrence, Janvier, Lapointe und anderen), um sich mit einem üppigen Teller saftiger Charcuterie zu stärken, zu einem von Robert Cointpas ausgewählten Wein (häufig ein Wein von Suresnes, zum Beispiel).

Madame Maigrets Rezeptsammlung

Als die Eltern der jungen Louise in Colmar sich mit dem Gedanken trugen, sie zu verheiraten, konnten sie sich nicht vorstellen, den Zukünftigen anderswo als im Brücken- und Strassenbauwesen zu finden. Auf der Seite von Madame Maigret, wie man sich in den Familien ausdrückt, war die gesamte Ahnenreihe der Schoëller, der Kurt, der Léonard mit dieser grossen Staatskörperschaft verbunden. Nur, von Strasbourg bis Colmar und Mülhausen, nirgends gab es in Frage kommende Freier. So schickten die Eltern das junge Mädchen zu Onkel und Tante Léonard nach Paris, einzig zum Zweck, dass diese einen Ehemann aus dem Brücken- und Strassenbauwesen für sie fänden.

Welche Tücken der Fügung haben es gewollt, dass der junge Jules Maigret, kaum war er aus der Uniform der Verkehrspolizei geschlüpft und Sekretär eines Kommissars geworden, eines Abends zu den Léonard eingeladen wurde und das junge, etwas pummelige Mädchen mit dem frischen Gesicht und den funkelnden Augen, wie keine ihrer Freundinnen sie hatte, becircte? So erzählt es der berühmte Kommissar in seinen «Memoiren». Freilich, es brauchte gewissermassen einen Wink mit dem Zaunpfahl, ihn soweit zu bringen, um ihre Hand anzuhalten. Er war so scheu! Er wusste, dass die Polizei nicht das Brücken- und Strassenbauwesen ist.

Zu diesem ersten Abend bei den Léonards hatte ihn ein Schulfreund geschleppt. Louise, «das junge Mädchen im blauen Rock», wandte sich nur an ihn, um ihn auf einen Kuchen mit einem kandierten Fruchtstückchen hinzuweisen und zu sagen: «Das Beste haben sie liegengelassen. Probieren Sie das!» Sie hatte einen verschmitzten, wissenden Schimmer in den Augen, der mich bezauberte, wie er ohne Zweifel auch den künftigen Kommissar bezauberte, weil er ein für ihre Liebe unerlässliches Band zwischen zwei bekennenden Schleckmäulern knüpfte!

In der Tat, wenn Simenon uns das Bild einer «gutmütigen Mama» präsentiert, immer am Herd, ihr grosses Mannskind verhätschelnd, ist dies in Wahrheit nichts weiter als die Realität in diesem Zusammenleben. Wie die Catherine in der Elsässer Volksweise, macht auch Louise *«la tarte aux prunes comme pas une…»*

Sie ist die Hausfrau, und man denkt an den Dichter, der seiner Frau das folgende Loblied widmete:

«Während die blassen Schönheiten,
um ihren Liebreiz zu bewahren,

Henri·IV
vous présente son
CARDINAL
COTE DE BEAUNE
Ladoix
"Michel Mallard"
CREME DE CASSIS
Nuits St Georges
Le Pont
Beaujolais
Le Berr
Sancerre
Le Blés
Cheverny
Le Roya
Sancerre
AOC VINS BLANCS
SANCERRE
QUINCY
MUSCADET
CHEVERNY

schläfrig durch die Flure gleiten,
machst Du alles, Wäsche und Backwaren,
mit fester Hand und ohne Mühe,
ich liebe Dich für Deine Himbeerkonfitüre.»

Diese frauliche Küche, diese «wahre» Küche, sollte Maigret packen – Liebe geht durch den Magen. Er mag das Gekünstelte nicht. Als er einmal bei einem Freund aus der Kindheit, der inzwischen reich und ein Snob geworden war, eingeladen war, drückte er dies nachher unmissverständlich aus: «Zweifellos waren es ausgewählte Speisen, aber er fand überhaupt kein Gefallen an diesen komplizierten Gerichten, die unweigerlich mit Trüffeln oder Krebsschwänzen übersät waren ...»

So kocht Louise Maigret, wie die Frau zu lieben weiss, wie der Vogel singt. Und wenn der Kommissar auswärts ein verführerisches Gericht gegessen hat und ihr davon erzählt – man muss immer über das, was man gegessen hat, sprechen – nimmt sie sich vor, das Rezept ausfindig zu machen, um ihm ein anderes Mal damit eine Freude zu machen.

Deshalb tauscht sie auch mit ihrer Freundin, der Frau des Doktor Pardon, Rezepte aus – einmal im Monat diniert das Paar bei den Pardon und diese zwei Wochen später bei den Maigret. Diese Rezepte kommen zu den ererbten hinzu, jenen Rezepten, die wie die Schoëller und die Kurt aus dem Elsass stammen. Und wie das Zwetschgenwasser, das ihr ihre Schwester, die dort verheiratet ist, bringt, wenn sie nach Paris kommt.

Präzise und gewissenhaft überträgt sie diese Rezepte in ein inzwischen altes Heft, das Maigret ihr heimgebracht hatte, nachdem er eines Tages in einer Papeterie des unteren Montparnasse Erkundigungen eingezogen hatte. Einer seiner ersten Fälle. Er hatte, um die kratzbürstige Alte zu besänftigen, zwei riesengrosse Hefte mit rotem Umschlag gekauft. In das zweite Heft klebte seine Frau alle Artikel über den Kommissar, die sie andächtig ausgeschnitten hatte. Und diese zweite Sammlung liegt ihr natürlich ungleich mehr am Herzen!

Aber wir, die wir alle Fälle Maigrets kennen, schätzen uns besonders glücklich, das kostbare Heft mit den guten Rezepten von Madame Maigret wiedergefunden zu haben.

SUPPEN

Die beiden Männer hatten ihre überbackene Zwiebelsuppe gegessen, und der Kellner stellte ihnen fürstlich garnierte Sauerkrautplatten auf und brachte ihnen schon wieder frisches Bier . . .
Maigret contra Picpus

Sie hatten zwar beide keinen Hunger mehr, setzten sich aber dennoch in einer Brasserie zu Tisch, wo sie, weil sie es eine Stunde vorher so beschlossen hatten, Zwiebelsuppe bestellten.
Maigret und die junge Tote

Soupe à l'oignon gratineé

Überbackene Zwiebelsuppe

Für 4 Personen
500 g Zwiebeln
40 g Butter oder Schweinefett
1 Esslöffel Mehl
1 l klare Rindsbrühe
(eventuell aus Bouillonwürfeln hergestellt)
8 Scheiben altbackenes Brot
Butter
100 ml Madeira
150 g geriebener Greyerzer
(vorzugsweise aus dem Freiburgischen)
2 Eier
Salz und Pfeffer

Die Zwiebeln in Scheiben schneiden und sanft in Butter oder Schweinefett anziehen lassen. Sobald sie

Farbe annehmen, mit dem Löffel Mehl bestreuen, mit einem hölzernen Spachtel mehrmals wenden und braun werden lassen.

Mit der Brühe ablöschen. Salzen und pfeffern. 30 Minuten köcheln lassen.

Die dünngeschnittenen Brotscheiben in etwas Butter goldgelb rösten.

50 ml Madeira in einen Steinguttopf geben. Abwechslungsweise Brotscheiben und geriebenen Käse einschichten, mit einer Käseschicht abschliessen.

Die Eier und die restlichen 50 ml Madeira kräftig schlagen und unter ständigem Rühren in die Brühe geben.

Die Brühe in den Steinguttopf giessen und im Ofen bei starker Oberhitze überbacken.

Courtine empfiehlt: Dazu trinkt Maigret helles Bier vom Fass.

Man servierte uns zuerst eine Tomatensuppe, dazu einen fast unangenehm süssen Saint-Emilion, der offensichtlich für den Export zurechtgepanscht worden war.

Maigret und das Verbrechen in Holland

– *«Was hast du für eine Suppe gemacht?» rief er, als er sich auf eine Kiste setzte.*

– *«Tomatensuppe.»*

– *«Gut.»*

Maigret und sein Neffe

Soupe aux tomates

Tomatensuppe

Für 4 Personen
7 schöne, reife Tomaten, geviertelt, entkernt
1 grosse Zwiebel, gehackt
3 Knoblauchzehen, gehackt
30 g Gänsefett (eventuell Schweinefett oder Butter)
1½ l Hühnerbrühe (eventuell aus Bouillonwürfeln hergestellt)
50 g Engelshaarnudeln
4 dünne Scheiben Bauernbrot
Butter
Kerbel, fein geschnitten
Salz und Pfeffer

In einem grossen Suppentopf oder einer Kasserolle Tomaten, Zwiebeln und Knoblauch im Gänsefett anziehen lassen. Die Hühnerbrühe beigeben, salzen und pfeffern.

Sobald die Tomaten gar sind, die Suppe durchpassieren und in den Topf zurückschütten.

Eine Handvoll Engelshaarnudeln dazugeben und «al dente» kochen.

Die Brotscheiben mit etwas Butter bestreichen und goldgelb grillieren.

In Suppenteller legen und die Suppe darübergiessen. Den Kerbel darüberstreuen.

Courtine empfiehlt: Diese Suppe wird am besten in der entsprechenden Jahreszeit mit gartenfrischen Tomaten zubereitet; im Treibhaus gezogene Tomaten und Importware sind ungeeignet.

Man sollte frische Kräuter immer mit der Schere schneiden; hackt man sie, verlieren sie viel von ihrem natürlichen Aroma.

Zu dieser Suppe trinkt Maigret einen Quincy (weisser, sehr trockener Wein aus dem Loire-Gebiet, an Sancerre erinnernd).

Schliesslich entschieden sie sich für eine erfrischende Vichyssoise und den Tagesteller Canard à l'orange.

Maigret verteidigt sich

Vichyssoise

Lauch-Kartoffel-Suppe

Für 4 Personen
200 g Lauch (weisse Abschnitte)
30 g Butter
200 g Bintjekartoffeln, geschält, geviertelt
Geflügelklein (Füsse, Flügel, Hals) oder als Ersatz ein Bouillonwürfel
1 l Wasser
250 g Crème fraîche
Schnittlauch
Salz und Cayennepfeffer

Den Lauch putzen, in dünne Streifen schneiden und sanft in der Butter anziehen lassen.

Die Kartoffeln mit dem Geflügelklein oder dem Bouillonwürfel beigeben, mit dem Wasser ablöschen. Salzen und 30 Minuten ungedeckt köcheln lassen.

Das Geflügelklein herausnehmen, die Suppe durchpassieren und dann durch ein Haarsieb seihen. Abkühlen lassen, dabei von Zeit zu Zeit umrühren. Zugedeckt in den Kühlschrank stellen.

Sobald die Suppe eiskalt ist, die ebenfalls eiskalte Crème fraîche löffelweise darunterziehen und sorgfältig einrühren. Nach Belieben nachwürzen und mit einer Messerspitze Cayennepfeffer abschmecken.

In kühlgestellte Tassen oder Teller anrichten. Den Schnittlauch mit der Schere über die Suppe schneiden.

Courtine empfiehlt: In erster Linie ist die richtige Wahl der Kartoffelsorte wichtig. Sie muss von bester Qualität sein, die Kartoffeln sollten zerfallen, wenn sie gar sind.

Maigret schmeckt seine Vichyssoise mit einem Glas rotem Saint-Pourçain ab (ein honoriger, leichter Landwein aus der Gegend von Vichy, aus Gamay- und/oder Pinot-noir-Trauben hergestellt).

ENTRÉES

– *«Kann man bei Ihnen essen?»*

– *«Natürlich kann man bei mir essen . . . Was wünschen Sie? Kalbssteak? Schweinebraten mit Linsen? Es hätte auch eine gute Bauernterrine zum Anfangen.»*

Maigret und der hartnäckigste Kunde der Welt

Pâté de campagne

Rustikale Terrine

1 mittelgrosse Schweinsleber
500 g mageres Schweinefleisch, fein gehackt
500 g frischer Rückenspeck, fein gehackt
1 Knoblauchzehe, gepresst
3 Schalotten, gehackt
1 grosses Stück Schweinenetz
5 oder 6 Speckschwarten
einige zerkleinerte Kalbs- und Schweinsknochen
1 Zwiebel, in Scheiben geschnitten
1 Karotte, in Rädchen geschnitten
1 Kräuterbündel
150 ml trockener Weisswein
50 ml Zwetschgenwasser oder Cognac
200 g Schweinefett
1 Prise Viergewürzepulver
Salz, Pfeffer

Die Schweinsleber sorgfältig häuten, im Mixer oder Cutter pürieren. Mit dem Schweinefleisch und dem Speck gründlich vermischen. Die Knoblauchzehe hineinpressen, die Schalotten sowie Salz, Pfeffer und Viergewürzepulver beigeben.

Das Schweinenetz mehrere Stunden wässern, dann gründlich trockentupfen und auf der Arbeitsfläche auslegen. Die Fleischmischung in die Mitte des Schweinenetzes legen und dieses von allen Seiten sorgfältig fest darüberschlagen.

Boden und Wände eines Schmortopfes mit den Speckschwarten auslegen, das Fleisch hineingeben. Die Knochen, die Zwiebel, die in Rädchen geschnittene Karotte und das Kräuterbündel darum herum legen.

Wein und Zwetschgenwasser darübergiessen. Mit aufgesetztem Deckel im Ofen bei sanfter Hitze (etwa 160 °C) 2½ Stunden garen. Während des Garens die Terrine mehrmals mit dem sich bildenden Jus begiessen.

Wenn die Terrine gar ist und eine schöne goldbraune Farbe angenommen hat, sorgfältig aus dem Topf heben und abtropfen lassen. In ein rundes Terrinengefäss legen, gut hineinpressen, damit die Terrine die Form des Gefässes annimmt und abkühlen lassen.

Das Schweinefett auslassen, über die noch lauwarme Terrine giessen, so dass sie vollständig mit einer ungefähr 2 cm dicken Schicht bedeckt ist. Abkühlen lassen und in den Kühlschrank stellen.

Courtine empfiehlt: Zu dieser rustikalen Bauernterrine trinkt Maigret einen Cornas.

Er ass seinen Kalbsbraten ohne Appetit, und seine Frau fragte sich, warum er plötzlich zu ihr sagte: «Morgen machst Du uns Gekrösewürstchen ...» *Maigret und der Samstagsklient*

Es wurden Gekrösewürstchen mit Pommes frites aufgetischt ... Maigret füllte die Gläser.

Maigret und das Gespenst

– «Was gibt's zum Mittagessen?»
– «Gekrösewürstchen ... Aber wenn Sie lieber ein Steak hätten ...»
– «Gekrösewürstchen», entschied Maigret.

Maigret und der Spitzel

– «Wie isst man im ‹Petit Saint-Paul›?»
– «Die Wirtin kocht selbst, und wenn Sie Gekrösewürstchen mögen, bessere werden Sie in der Gegend nicht finden.»

Maigret und der faule Dieb

Andouillettes

Gekrösewürstchen

Für 4 Personen
4 Gekrösewürstchen, etwas Öl

Die Enden der Gekrösewürstchen sollten nach alter Art geschnürt und nicht geschnitten sein. Mit der Messerspitze etwa zehn kleine Löcher einstechen.

Die Würstchen auf einem eingeölten Grillrost von allen Seiten ungefähr 12 Minuten garen. In der Haut sollen kleine Risse aufspringen, und sie sollte goldbraun werden, ohne anzubrennen.

Courtine empfiehlt: Maigret liebt Pommes frites, und meistens isst er sie auch zu Gekrösewürstchen. Ich bevorzuge ein weiches Gemüse als Gegengewicht zum Fett der Wurst, zum Beispiel ein Kressepüree.

Unter den Gekrösewürstchen sind jene nach der Art von Troyes die bekanntesten, aber es gibt sie in verschiedenen Gegenden Frankreichs, wie zum Beispiel in Vouvray, in Châtillon-sur-Loire, Lyon, Châtillon-sur-Chalaronne, Aubagne oder Ébreuil.

Zu Gekrösewürstchen trinkt Maigret einen Beaujolais-Villages.

Das Paar traf um acht Uhr ein, und man setzte sich sofort zu Tisch, denn als Vorspeise gab es einen Auflauf . . .

Maigret verteidigt sich

Soufflé Marie du port

Schinken-Garnelen-Auflauf

Für 4 Personen
100 g Beinschinken
½ l Béchamelsauce (siehe Rezept Seite 78)
100 g geschälte graue Nordseegarnelen
50 g geriebener Käse
5 Eier (4 Eigelb und 5 Eiweiss)
Butter für die Form

Den Beinschinken hacken und unter die lauwarme Béchamelsauce mischen. Die geschälten Garnelen und den geriebenen Käse dazugeben. Darauf die Eigelbe, eines nach dem anderen, einrühren.

Raphael

Die Eiweisse zu steifem Schnee schlagen. Ein Drittel des Eischnees gründlich unter die Masse mischen, dann den Rest beigeben und vorsichtig unterheben.

Eine Auflaufform grosszügig ausbuttern. Die Masse hineingeben (sie sollte die Form zu zwei Dritteln füllen) und im vorgeheizten Backofen bei mittlerer Hitze (200 °C) ungefähr 30 Minuten backen. Servieren, sobald der Auflauf die Form überragt.

Courtine empfiehlt: Zum Auflauf «Marie du port» trinkt Maigret Apfelwein.

Sie waren um fünf Uhr im «Hôtel de la plage» angekommen, wo Madame Maigret sofort angefangen hatte, das Zimmer nach ihrem Geschmack umzustellen. Dann hatten sie das Abendessen eingenommen.

Maigret am Treffen der Neufundlandfahrer

Soufflé des terre-neuvas

Stockfischsoufflé

Für 4 Personen
1 kg fleischiger Stockfisch
1 Knoblauchzehe
1 Trüffel (fakultativ), gehackt
100 g Crème fraîche
4 Eier
80 ml Béchamelsauce (Rezept Seite 78)
200 ml Öl
4 Scheiben Toastbrot
50 g Parmesan, gerieben
Salz, Pfeffer, Muskatnuss

Den Stockfisch, um ihn zu entsalzen, über Nacht in Wasser einlegen. In einen Kochtopf geben und vollständig mit frischem Wasser bedecken, zum Sieden bringen, dann die Hitze reduzieren und den Fisch 10 Minuten knapp unter dem Siedepunkt pochieren. Jegliches Aufkochen vermeiden.

Den Stockfisch herausheben, abtropfen lassen, Haut und Gräten entfernen. Das Fleisch mit den Fingern zerzupfen und in einen Kochtopf geben, der zuvor mit einer Knoblauchzehe ausgerieben wurde.

Den Stockfisch gründlich zerstampfen, wenn nötig salzen, mit Pfeffer und Muskatnuss würzen und die gehackte Trüffel beigeben. Mit der Crème fraîche binden und zu einer homogenen, dickflüssigen Masse verarbeiten. Über einem Wasserbad warm halten.

Über sanfter Hitze mit dem Schneebesen zwei Eigelb in die Béchamelsauce einrühren. Die Eiweiss steif schlagen und vorsichtig unter die Béchamelsauce ziehen. Die restlichen zwei Eigelb mit 1 Esslöffel Wasser schaumig schlagen. Das gut lauwarme Öl, wie für eine Mayonnaise, unter ständigem Rühren einlaufen lassen und hineinarbeiten. Dies ist eine Sauce Mireille.

Die Toastbrotscheiben grillieren. Auf jede 2 Esslöffel der Stockfischmasse häufen, 4 Esslöffel Béchamelsauce darübergeben und mit Parmesan bestreuen. 6 Minuten im heissen Ofen bei 220 °C überbacken.

Auf vorgewärmten Tellern anrichten und mit der Sauce Mireille überziehen.

Courtine empfiehlt: Es ist wichtig, den Stockfisch gründlich zu entsalzen, denn Konservierungssalz ist nicht gleich Kochsalz.

Zum Stockfischsoufflé trinkt Maigret einen Gros Plant nantais (kleinerer Nachbar des Muscadet, ein schärferer und leichterer Weisswein aus denselben Trauben wie Cognac).

Zum Abendessen gab es Quiche lorraine, er erkannte es an dem Duft, der der Küche entströmte.

Maigret und der Samstagsklient

Quiche lorraine

Lothringer Speckkuchen

Für eine Form von 30 cm Durchmesser
250 g Mehl
125 g Butter (oder halb Butter, halb Schweinefett)
250 g dickflüssige Crème fraîche
2 kleine Eier
350 g geräucherter Speck
Salz, Pfeffer
Butter für die Form

Die Butter mit dem Mehl verreiben. Eine Prise Salz und soviel Wasser dazugeben, dass der Teig zusammenhält. Eine halbe Stunde ruhen lassen.

Die Crème fraîche mit den Eiern vermischen. Leicht salzen und pfeffern und zu einer homogenen Masse (in Lothringen nennt man sie «Migaine») aufschlagen.

Den Mürbeteig sehr dünn auswallen und eine leicht gebutterte Form damit auslegen. Den Boden mit einer Gabel mehrfach einstechen.

Vom geräucherten Speck die Schwarte entfernen, den Speck kleinwürfeln, 1 Sekunde in kochendem

Wasser blanchieren, mit einem Sieb herausnehmen, abtropfen lassen und trockentupfen. Gleichmässig auf dem Teig verteilen und festdrücken. Einige Butterflocken dazwischensetzen. Die Crème fraîche vorsichtig darübergiessen und die Quiche im vorgeheizten Ofen bei 220 °C 25–30 Minuten backen. Luftblasen mit einer Gabel einstechen. Aus dem Ofen nehmen und sofort aus der Form lösen.

Courtine empfiehlt: Man kann der «Migaine» eine Handvoll geraspelten Käse (Comté oder Emmentaler) beimischen.

Zur Quiche trinkt Maigret einen Gris de Toul.

– *«Rate mal, was ich Dir gekocht habe?»*

– *«Speckkuchen!»*

Es war unschwer zu erraten, der Duft durchzog das ganze Haus.

Maigret bei den Flamen

Quiches tourangelles

Tourainer Speckkuchen

Für 6 Törtchen
200 g Mehl
100 g Butter
ca. 60 g Tourainer Rillettes
(im eigenen Schmalz eingemachtes Schweinemett)
Petersilie, fein geschnitten
4 Eier
100 ml Milch
100 g dickflüssige Crème fraîche
Butter für die Förmchen
Salz

Aus dem Mehl und der Butter einen Mürbeteig herstellen. Eine halbe Stunde ruhen lassen, dann sechs gebutterte Tortenförmchen damit auslegen. Die Böden mit einer Gabel mehrmals einstechen.

Die Törtchenböden mit einer ½ cm dicken Schicht Rillettes bestreichen und mit Petersilie ausstreuen.

Die Eier mit wenig Salz verklopfen. Mit dem Schneebesen die lauwarme Milch einrühren, die Crème fraîche darunterziehen und die Masse in die Törtchen giessen. Im vorgeheizten Ofen bei 220 °C 20 Minuten backen.

Courtine empfiehlt: Rillettes lassen sich auch selbst herstellen: Dazu 300 g Schmer (Bauchspeck) würfeln und auslassen, 2 kg Schweinsbrust (ohne Knochen und Schwarte) würfeln, beigeben, salzen und pfeffern. 6 Stunden sehr leicht köcheln lassen. Dann abkühlen lassen und noch lauwarm im Mörser mit dem Stössel gründlich zerstampfen.

Zum Tourainer Speckkuchen trinkt Maigret einen trockenen Vouvray.

– *«Bringen Sie uns sofort eine Karaffe Beaujolais.»*
– *«Was gibt's als Menü?»*
– *«Gekrösewürstchen, die heute morgen aus der Auvergne angekommen sind.»*
Als Vorspeise entscheidet sich Maigret für Heringsfilets.

Maigret und die verrückte Witwe

Filets de harengs

Heringsfilets

Für 4 Personen
800 g süss eingelegte Heringe
250 g grosse Karotten, in Rädchen geschnitten
3 schöne Zwiebeln, in Scheiben geschnitten
½ l Olivenöl
750 g festkochende Kartoffeln
Pfefferkörner, Gewürznelken

Die Heringsfilets mit Milch abspülen und 24 Stunden in Milch einlegen. Abtropfen lassen und auf Küchenpapier trocknen.

Die Karottenscheiben in einer ovalen Terrinenform auslegen, darauf eine Schicht Heringsfilets mit einigen Pfefferkörnern und Gewürznelken, dann Zwiebelringe und Karottenscheiben legen, anschliessend eine weitere Schicht Heringsfilets und Zwiebelringe. Das Olivenöl darübergiessen, so dass die letzte Schicht Filets mit einem halben Zentimeter Öl bedeckt ist. Das Gefäss mit Folie bedecken und 48 Stunden kühl stellen.

Die Kartoffeln ungeschält kochen. Wenn sie gar sind, das Wasser abgiessen und die Kartoffeln noch einige Minuten auf der warmen Herdplatte abdämpfen, um sie zu trocknen. Mit den Heringsfilets servieren.

Courtine empfiehlt: Dazu serviert man leicht grillierte Bauernbrotscheiben und halb gesalzene Butter, denn die auf diese Art zubereiteten Heringe werden selbst überhaupt nicht gesalzen.

Zu Heringsfilets trinkt Maigret Beaujolais nouveau.

In einer Nebenstrasse fand Maigret ein kleines italienisches Restaurant, und beim Anblick des Ofens überkam ihn plötzlich Lust auf Pizza.

Maigret und der einsamste Mann der Welt

Pizza napolitaine

Neapolitanische Pizza

Für 2 Personen
300 g Mehl
15 g Hefe

Belag:
2 Esslöffel Olivenöl
1 Zwiebel, gehackt
3 schöne Tomaten, grob gewürfelt
2 Esslöffel Tomatenmark
2 Kaffeelöffel feingeschnittenes Basilikum
1 Kaffeelöffel Puderzucker
150 g Mozzarella
2 Büchsen Sardellenfilets in Olivenöl (ca. 100 g)
Olivenöl
einige Zweige Thymian, fein gehackt
Salz, frisch gemahlener Pfeffer

Mehl und Hefe zusammen mit 100 ml Wasser und einer Prise Salz zu einem Teig verarbeiten. 1 Stunde gehen lassen.

Den aufgegangenen Teig nochmals kurz durchkneten, dann zu einem Pizzaboden von 1½ cm Dicke auswallen, die Ränder etwas dicker lassen. Den Teigboden auf ein mit Maismehl bestäubtes Blech legen und 30 Minuten an der Wärme ruhen lassen.

CINZANO

Inzwischen für den Belag das Olivenöl erhitzen und die gehackte Zwiebel darin einige Minuten andünsten. Die Tomatenwürfel mitsamt ihrem Saft, das Tomatenmark, das Basilikum, den Puderzucker, Salz und frisch gemahlenen schwarzer Pfeffer beigeben. Halb zugedeckt köcheln lassen, bis die Masse eindickt, von Zeit zu Zeit rühren. Durch ein Haarsieb passieren, bei Bedarf nachwürzen.

Das Tomatenpüree auf den Teigboden giessen, den Mozzarella in feine Scheibe schneiden, gleichmässig darauf verteilen und mit den Sardellenfilets garnieren. Mit Olivenöl beträufeln und mit Thymian bestreuen. Im vorgeheizten Ofen bei 250 °C ungefähr 20 Minuten backen.

Courtine empfiehlt: Zur Neapolitanischen Pizza trinkt Maigret Chianti.

EIER

– Was möchtest Du essen? Eine Kräuteromelette?»

Maigret lässt sich Zeit

Es gab eine dickflüssige Kräuteromelette, und Maigret nahm es nicht einmal wahr . . . *Maigret und sein Jugendfreund*

Omelette aux fines herbes

Kräuteromelette

Für 2 Personen
6 Eier
50 g Butter
3 Esslöffel frische feingeschnittene Kräuter (zu gleichen Teilen Petersilie, Kerbel, Estragon und Schnittlauch)
Salz und Pfeffer

Die Eier trennen. Die Eigelbe zusammen mit 10 g Butter in kleinen Flocken sowie Salz und Pfeffer verklopfen. Das Eiweiss zu luftigem Schnee schlagen und unter das Eigelb ziehen. In einer Pfanne mit dickem Boden 30 g Butter schmelzen. Sobald sie goldbraun wird, die Eimasse auf einmal hineingiessen. Mit einem Gabelrücken am Rand der Pfanne entlangfahren und die Masse vom Rand zur Mitte hin ziehen. Sobald sie die Konsistenz von Rührei annimmt, die Pfanne leicht hin und her schwenken, damit die Omelette nicht kleben bleibt. Noch einige Sekunden garen lassen.

Die Omelette mit den fein geschnittenen Kräutern bestreuen. Mit Hilfe von zwei Gabeln einen Drittel der Omelette zur Mitte schlagen, dann die andere Seite ebenso überschlagen.

Die Omelette etwas anheben und ein kleines Stück frische Butter daruntergleiten lassen. Ein weiteres Butterstückchen auf eine Gabel spiessen und damit die Oberfläche sorgfältig bestreichen, um ihr einen appetitlichen Glanz zu verleihen.

Courtine empfiehlt: Man verwende eine Pfanne mit dickem Boden, die ausschliesslich für die Herstellung von Omeletten gebraucht wird. Die Pfanne nicht waschen, sondern nur in noch warmem Zustand sorgfältig auswischen.

Wenn Sie befürchten, eine grosse Omelette könnte Ihnen missraten, nehmen Sie zwei Pfannen: Zwei Omeletten mit je drei Eiern gelingen leichter als eine mit sechs.

Zur Kräuteromelette trinkt Maigret einen trockenen Vouvray.

Im Hühnerhof hatte es drei Eier. Maigret bestand darauf, die Omelette zu machen, und sie lachte, als sie ihm zusah, wie er die Eier schaumig schlug, Eigelb und Eiklar getrennt.

Maigret regt sich auf

Omelette de la fermière

Omelette nach Bäuerinnenart

Für 2 Personen
100 g roher Schinken, klein gewürfelt
30 g Butter
1 Scheibe Bauernbrot, 1½ cm dick geschnitten
6 Eier
Petersilie, fein geschnitten
Salz, Pfeffer
Butter für die Form

Den Schinken in die zerlassene Butter geben und 2 bis 3 Minuten leicht braten. Aus der Pfanne heben.

Die Bauernbrotscheibe vierteln und in derselben Pfanne von beiden Seiten goldgelb rösten. Eine ofenfeste Form ausbuttern, die Brotscheiben hineingeben. Salzen und pfeffern.

Die Eier trennen. Die Eigelbe mit einer Gabel verklopfen und pfeffern. Die Eiweisse zu einem lockeren Schnee schlagen. Unter das Eigelb ziehen und die Eimasse über die Brotscheiben giessen. Die Schinkenwürfel gleichmässig darauf verteilen.

Im vorgeheizten Ofen 8 bis 10 Minuten nur mit Unterhitze bei 200 °C garen. Die Petersilie darüberstreuen und anrichten.

Courtine empfiehlt: Die Eier nicht salzen, denn der Schinken enthält schon Salz.

Zur Omelette nach Bäuerinnenart trinkt Maigret einen jungen Bourgueil (fruchtiger Tourainer Cabernet).

– *«Also, zum Anfangen zweimal Spaghetti.»*
– *«Und Wein?»*
– *«Ein Fiasco Chianti . . . »* *Maigret, Lognon und die Gangster*

Spaghetti Carbonara

Für 4 Personen
500 g Spaghetti
60 g Butter
2 ganze Eier und 2 Eigelb
180 g geriebener Parmesan
100 g Magerspeck, in Streifen geschnitten
1 kleine gedörrte rote Pfefferschote, grob gehackt
100 g Crème fraîche
Salz, Pfeffer

Die Butter in einem grossen Gefäss mit einem Holzlöffel schaumig schlagen.

In einem zweiten Gefäss die ganzen Eier und die Eigelbe schlagen und 80 g Parmesan daruntermischen.

Den Speck schonend anbraten, das Fett abgiessen, die grobgehackte Pfefferschote und die Crème fraîche dazugeben und warm stellen.

Die Spaghetti in viel gesalzenem, kochendem Wasser al dente kochen. Abgiessen und abtropfen lassen und in eine gut vorgewärmte Schüssel geben. Die schaumiggerührte Butter beifügen und gut untermischen, dann die Crème fraîche mit dem Speck und ebenfalls mischen. Zuletzt die Eimischung sorgfältig unterrühren.

(Die Spaghetti müssen gut mit den übrigen Zutaten vermengt und die Eier durch den Kontakt mit den heissen Spaghetti gegart sein.) Grosszügig pfeffern. Zu den Teigwaren den restlichen geriebenen Parmesan in einer Schale servieren.

Courtine empfiehlt: Wie alle Teigwaren müssen auch die Spaghetti «al dente», das heisst mit noch etwas Biss, serviert werden. Die Garzeit kann, je nach persönlichem Geschmack, etwas verlängert werden.

Zu Spaghetti Carbonara trinkt Maigret Chianti.

SAUCEN

– «Ich bin's», rief er, als er den mit dem Geruch von grillierter Wurst geschwängerten Korridor betrat. Den Hummer hielt er hinter seinem Rücken versteckt:
– «Sagen Sie mir, Félicie, sind Sie wenigstens fähig, eine Mayonnaise zu machen?» Blasiertes Lächeln.
– «Na schön! Machen Sie sich an die Arbeit, und diesen Herrn hier kochen Sie inzwischen.»

Maigret und das Dienstmädchen

Mayonnaise

2 Eigelb
1 Kaffeelöffel Senf mit grünem Pfeffer
250 ml Olivenöl
1 Esslöffel Essig
Salz

Zu Hummer zusätzlich:
100 g Crème fraîche
1 Kaffeelöffel scharfer Senf
1 Zitrone, Saft
Cayennepfeffer

Eigelb, Senf und Salz mit dem Schneebesen kräftig schlagen. Das Olivenöl zuerst kaffeelöffelweise, dann mit dem Esslöffel unter ständigem Schlagen beigeben. Jeder Löffel muss vollständig eingearbeitet sein, bevor der nächste zugegeben wird. Den Essig aufkochen und, wenn die Mayonnaise fertig ist, unter kräftigem Schlagen dazugeben, um sie zu stabilisieren.

Zu Hummer, wie oben beschrieben, aber mit Erdnussöl und scharfem Senf eine Mayonnaise herstellen. Die Crème fraîche zu einem festen Schaum schlagen und unter die Mayonnaise ziehen. Den Kaffeelöffel scharfen Senf mit dem Zitronensaft vermischen und ebenfalls darunterrühren. Nach Bedarf mit Salz abschmecken und mit Cayennepfeffer würzen. Nochmals rasch mit dem Schneebesen durchschlagen und servieren.

Courtine empfiehlt: Damit die Mayonnaise gelingt, müssen Eier und Öl die gleiche, ziemlich tiefe Temperatur haben.

Gewöhnlich tat er sich am Eintopf gütlich und war sich kaum bewusst, dass er ihn mit Arme-Leute-Sauce ass.

Maigret und Monsieur Charles

Sauce pauvre homme

Arme-Leute-Sauce

30 g Butter
1 Esslöffel helles Paniermehl
50 ml Weinessig
250 ml Rindsbouillon (entfettet)
1 Zwiebel oder 2 Schalotten, fein gehackt
1 Esslöffel feingeschnittene Petersilie

Das Paniermehl in der zerlassenen Butter rösten. Mit dem Essig ablöschen und einkochen lassen. Dann die Rindsbouillon zufügen und kurz aufkochen lassen.

Die Zwiebel oder Schalotten blanchieren und zusammen mit der Petersilie zur Sauce geben.

Courtine empfiehlt: Für diese auf bescheidene Weise schmackhafte Sauce gibt es noch andere Rezepte und sogar eine englische Variante, die «Poor man sauce»: Man lässt gehackte Zwiebeln in Butter Farbe annehmen, löscht mit Essig und Weisswein ab und kocht diese ein. Dann gibt man Bouillon dazu und bindet die Sauce mit brauner Mehlschwitze (in Butter gebräuntes Mehl). Schliesslich kommen noch Kapern, Cayennepfeffer und Petersilie hinzu.

Ausschliesslich Weinessig verwenden.

Béchamelsauce

50 g Zwiebeln, gehackt
50 g Karotten, klein gewürfelt
1 kleiner Selleriestengel, in feine Streifen geschnitten
1 Lauchstengel, der weisse Teil in feine Streifen geschnitten
60 g Butter
30 g Mehl
750 ml Milch
Salz, Pfeffer, Muskatnuss

In einer Pfanne mit dickem Boden die Gemüse zusammen mit der Hälfte der Butter 10 Minuten auf kleiner Flamme dünsten.

Die Gemüse aus dem Topf nehmen, die restlichen 30 g Butter und das Mehl beigeben. Auf kleinem Feuer unter ständigem Rühren mit einem Holzlöffel anschwitzen, ohne es zu bräunen.

Die Milch kochendheiss zur Mehlschwitze giessen und unter ständigem Rühren erneut zum Sieden bringen. Mit Salz, Pfeffer und Muskatnuss würzen, die Gemüse wieder dazugeben und die Sauce 30 Minuten köcheln lassen. (Vorsicht, dass sie nicht anhängt!) Durch ein Sieb passieren.

KRUSTEN- UND SCHALENTIERE

– *«Es hat Jakobsmuscheln, was meinst Du dazu?»*
– *«Einverstanden.»* *Maigret und der Spitzel*

Coquilles Saint-Jacques «Grand Langoustier»

Jakobsmuscheln nach provenzalischer Art

Für 4 Personen
16 Jakobsmuscheln
150 ml trockener Weisswein
etwas Butter, Olivenöl

Sauce:
1 gehäufter Esslöffel Mehl
2 grosse Zwiebeln, gehackt
4 Esslöffel Olivenöl
500 ml trockener Weisswein
500 ml Hühnerbouillon
(eventuell aus einem Bouillonwürfel hergestellt)
250 g Tomaten, geschält, entkernt
4 Knoblauchzehen, gepresst
1 Gewürznelke
1 Kräuterbündel
1 Esslöffel Kapern
etwa 10 schwarze Oliven
12 grüne Nüsse, fein gehackt
Salz, Pfeffer

Zunächst die Sauce zubereiten. Den Esslöffel Mehl auf ein mit Pergamentpapier ausgelegtes Blech sieben und im Ofen bräunen.

Die Zwiebeln im Olivenöl andünsten, mit dem gebräunten Mehl bestreuen und mit einem Holzlöffel gut umrühren. Nach und nach in kleinen Mengen den Weisswein und die Bouillon dazugiessen und aufkochen.

Die Tomaten etwas zerdrücken und zusammen mit dem Knoblauch, der Nelke und dem Kräuterbündel beigeben, salzen und pfeffern. 1 Stunde leicht köcheln lassen. Dann die Sauce durch ein Tuch passieren und dieses sorgfältig ausdrücken.

Die Kapern etwas zerdrücken und mit den Oliven und den feingehackten grünen Nüssen zur Sauce geben. Auf kleinem Feuer sanft köcheln lassen.

Die Jakobsmuscheln putzen, das Muschelfleisch zusammen mit dem Corail herauslösen. In eine ofenfeste Form geben, den Weisswein hinzugiessen und soviel Wasser zugeben, dass die Muscheln bedeckt sind. Einige Butterflöckchen darüber verteilen und leicht salzen. Mit Alufolie abdecken und im vorgeheizten Ofen bei mittlerer Hitze (etwa 180 °C) 10 Minuten schmoren. Die Jakobsmuscheln herausnehmen, abtropfen lassen und trockentupfen.

Die Muscheln in wenig sehr heissem Olivenöl von beiden Seiten kurz anbraten, aus der Pfanne heben und auf Haushaltpapier entfetten. In die Sauce geben und heiss servieren.

Courtine empfiehlt: Diese Sauce wird in der Provence «Raïto» (auch Raite oder Rayte) genannt und gewöhnlich zu pochiertem Stockfisch serviert.

CAFÉ CHARBONS
Schutz
BIÈRE D'ALSACE
MA
PRADAL
RICARD
BERGER

49

Zu Jakobsmuscheln «Grand Langoustier» trinkt Maigret einen weissen Bellet (ein sehr geschätzter Wein aus der Gegend von Nizza).

Sie war bereits auf dem Treppenabsatz, als er sie zurückrief:
– «Bring mir eine Jakobsmuschelschale mit Languste.» Sein Lieblingsgericht, als sie arm waren und sich die Zeit vor den Schaufenstern der Metzgereien vertrieben.

Maigret amüsiert sich

Coquilles de langouste

Languste in Jakobsmuschelschalen

Für 2 Personen
1 kleine Languste

Sud:
1 Karotte, in Rädchen geschnitten
1 Zwiebel, in Scheiben geschnitten
1 Stengel Fenchelgrün, Thymian, Petersilie, Majoran
grobes Meersalz, einige Pfefferkörner, Cayennepfeffer
250 ml Muscadet (trockener Weisswein)
1 Karotte
1 weisse Rübe
50 g grüne Bohnen
6 Spargelspitzen
30 g geschälte graue Krevetten
20 g Senfmayonnaise (siehe Rezept Seite 76)
2 tiefe Jakobsmuschelschalen
Sulzpulver
etwas Weisswein
Cayennepfeffer

Für den Sud Karotte und Zwiebel zusammen mit den Kräutern und Gewürzen in einen Topf geben, den Wein und 1 l Wasser zugiessen und zu einem kräftigen Sud aufkochen. Die Languste hineingeben und etwa 15 Minuten auf kleinem Feuer köcheln, dann im Sud abkühlen lassen.

Die Languste aus dem Sud heben. Das Fleisch aus den Beinen und dem Schwanz herauslösen, das Schwanzfleisch in dünne Scheiben schneiden. Das Corail (den Rogen) separat mit einem Stössel zerdrücken.

Die Karotte, die weisse Rübe, die Bohnen und Spargelspitzen über Dampf garen, klein würfeln und die Krevetten daruntermischen. Das zerdrückte Corail unter die Senfmayonnaise rühren und diese mit dem Gemüse und den Krevetten vermischen. Eventuell nachwürzen.

Die Jakobsmuschelschalen mit einer Lage Gemüsemischung, dann dem Langustenfleisch und zuletzt den Scheiben vom Langustenschwanz füllen. Aus Sulzpulver gemäss Packungshinweis eine kleine Menge Sülze herstellen. Vom Feuer ziehen, etwas Wein und eine Messerspitze Cayennepfeffer beifügen und abkühlen lassen. Wenn die Sülze lauwarm und gerade noch flüssig ist, löffelweise über die gefüllten Muscheln giessen. An der Luft abkühlen lassen und erst kurz vor dem Servieren nochmals in den Kühlschrank stellen.

Courtine empfiehlt: Zu langes Verweilen im Kühlschrank bringt die Mayonnaise zum Scheiden.

Mit Languste in Jakobsmuschelschalen trinkt Maigret einen Muscadet-de-Sèvre-et-Maine, von der Hefe abgezogen (ein spritziger Weisser von der Loire).

– *«Was würdest Du für heute mittag zu Hummer mit Mayonnaise sagen?»* *Maigret lässt sich Zeit*

Homard à la mayonnaise

Hummer mit Mayonnaise

Für 2 Personen
1 Hummer von 800 g

Sud:
1 Karotte, in Rädchen geschnitten
1 Zwiebel, in Scheiben geschnitten
1 Stengel Fenchelgrün, Thymian, Petersilie, Majoran
1 kleine Handvoll grobes Meersalz, 10 schwarze Pfefferkörner,
1 Prise Cayennepfeffer
1 Flasche trockener Weisswein
1 Rezeptmenge Mayonnaise (siehe Seite 76)

Für den Sud Karotte und Zwiebel zusammen mit den Kräutern und Gewürzen, dem Wein und 1 Liter Wasser aufkochen. Den Sud zugedeckt 30 Minuten köcheln und dann nochmals aufwallen lassen. Den lebenden Hummer Kopf voran in den kochenden Sud geben, zudecken. Sobald der Sud wieder kocht, die Hitze reduzieren und den Hummer 15 Minuten darin pochieren, dabei einige Male wenden. Im Sud abkühlen lassen.

Wenn er lauwarm ist, den Hummer aus dem Sud heben, die Zangen und Beine abtrennen und halb aufbrechen, den Körper der Länge nach halbieren. Zusammen mit der Mayonnaise anrichten.

Courtine empfiehlt: Wenn Sie den Hummer kalt vorziehen, dann lassen Sie ihn auf dem Fenstersims abkühlen; in den Kühlschrank sollte man ihn höchstens für einige wenige Minuten vor dem Servieren geben.

Zu Hummer mit Mayonnaise trinkt Maigret einen Pouilly-sur-Loire (ein nur in kleinen Mengen hergestellter Weisswein aus Chasselastrauben).

Ohne Zeit zu verlieren, schob er sich ein grosses Stück Hummer mit Rahmsauce in den Mund.

Maigret und sein Rivale

Homard à la crème

Hummer mit Rahmsauce

Für 2–3 Personen
1 Hummer von ca. 1 kg
Erdnussöl und 10 g Butter
100 ml Cognac
100 ml Madeira
400 ml Crème fraîche
50 g Butter
3 Eigelb
Salz, Pfeffer, Cayennepfeffer

Den lebenden Hummer durch Eintauchen in siedendes Wasser töten. Der Länge nach halbieren, den sich in der Kopfhöhle befindenden Sack mit den Steinchen entfernen, Corail und die sämige Flüssigkeit herausnehmen und beiseitestellen. Den Schwanz in die Segmente aufteilen und die Scheren aufbrechen.

In einer Sauteuse Erdnussöl und Butter erhitzen und die Hummerstücke rundherum anbraten, bis die Schalen rot werden. Mit Salz, Pfeffer und einer Prise Cayennepfeffer würzen. Wenn die Schalenteile dunkelrot sind, Cognac und Madeira zugiessen und einkochen lassen. 300 ml von der Crème fraîche beifügen und zugedeckt 15 Minuten leicht köcheln lassen. Dann die Hummerstücke herausnehmen, das Fleisch aus den Schalen lösen und auf einer Servierplatte warm stellen.

Das beiseitegelegte Corail gut zerstossen, durch ein Sieb passieren und mit der Butter (50 g) vermengen. In einem separaten Gefäss die Eigelbe mit den restlichen 100 ml der Crème fraîche verrühren, die Buttermasse daruntermischen und das Ganze in die Sauteuse giessen. Die Sauce unter ständigem Rühren erhitzen, aber nicht kochen lassen. Nochmals nachwürzen und über das Hummerfleisch giessen.

Courtine empfiehlt: Zu Hummer mit Rahmsauce trinkt Maigret einen weissen Haut-Brion (oder einen anderen trockenen weissen Graves).

– «Mögen Sie Mouclade?»
– «Was ist das?»
– «Muscheln mit Rahm . . . Ein hiesiges Gericht . . .»
Unwillkürlich versuchte Maigret, eine Geschmacksnote zu identifizieren, ein Aroma von . . . von . . . von was, zum Teufel? Ein Hauch . . ., kaum wahrnehmbar . . .
– «Curry!» frohlockte er. «Jede Wette, da ist Curry drin . . .»

Maigret im Haus des Richters

Mouclade des boucholeurs

Zuchtmuscheln mit Rahmsauce

Für 4 Personen
1 kg Zuchtmuscheln
4 Schalotten, gehackt
4 Knoblauchzehen, gepresst
250 ml trockener Weisswein
100 g Butter
1 Prise Kümmel
2 Esslöffel Currypulver
1 Esslöffel Mehl
100 ml Milch
200 ml Crème fraîche
Pfeffer

Die Muscheln unter fliessendem Wasser gut bürsten.

Schalotten und Knoblauch zusammen mit dem Weisswein, 60 g Butter und einer kräftigen Prise Pfeffer in einen Topf geben, zum Kochen bringen, dann die Muscheln zugeben und zudecken. Einige Minuten unter häufigem Schütteln kochen lassen, bis die Muscheln sich öffnen. Vom Feuer nehmen.

Den Muschelsud durchpassieren, erneut aufkochen, Kümmel und Curry beigeben und 2 Minuten kochen lassen. Das Mehl mit den restlichen 40 g Butter verkneten, beigeben und gründlich verrühren. Die Kasserolle vom Feuer nehmen, die kochende Milch und anschliessend die Crème fraîche hineinschütten und das Ganze durch ein Sieb passieren.

Von den Muscheln die eine Schalenhälfte entfernen, mit der Sauce übergiessen und servieren.

Courtine empfiehlt: Zu Muscheln in Rahmsauce trinkt Maigret Weisswein der Ré-Insel.

– «Glaubst Du, dass Du zum Abendessen nach Hause kommen wirst? Schade für das Mittagessen, ich hatte Schnecken . . .»
Das Schicksal wollte es so, dass es jedesmal, wenn er eine Mahlzeit versäumte, ein Gericht gab, das er liebte.

Maigret und der Messerstecher

Escargots à l'Alsacienne

Schnecken nach Elsässer Art

Für 4 Personen
4 Dutzend lebende Weinbergschnecken oder Dosenware
1 l weisser Elsässer Wein
1 Karotte, in Rädchen geschnitten
2 Zwiebeln, in Scheiben geschnitten
2 Schalotten, zerdrückt
1 Kräuterbündel
Salz, Pfeffer, etwas Essig und Mehl für die Schnecken

Schneckenbutter:
200 g Butter
4 Esslöffel fein geschnittene Petersilie
1 Esslöffel Anissamen, zerstampft
1 kleine Schalotte, fein gehackt
Mehlbutter aus 30 g Butter und 30 g Mehl (siehe Seite 206)
Salz, frisch gemahlener Pfeffer

Die lebenden Schnecken einige Tage aushungern, dann mit grobkörnigem Salz, Essig und einer Messerspitze Mehl während 2 Stunden sich entleeren und entschleimen lassen. Die Schnecken in mehrmals gewechseltem Wasser waschen, bis auch die letzten Schleimspuren verschwunden sind, dann 5 Minuten in kochendes Wasser geben. Abtropfen und abkühlen lassen und sie anschliessend mit Hilfe einer Stricknadel aus den Gehäusen lösen. Schnecken aus der Dose abgiessen und abspülen.

Den Wein zusammen mit 1 Liter Wasser in einen Kochtopf geben. Karotte, Zwiebeln, Schalotten, das Kräuterbündel sowie Salz und Pfeffer beigeben und 1 Stunde kochen lassen. Dann die Schnecken dazugeben, aufkochen und abschäumen. Leicht wallend 3 Stunden sieden. Dann im Sud abkühlen lassen.

Die Schneckengehäuse säubern, indem man sie 30 Minuten in Wasser mit etwas Sodazugabe auskocht. Abtropfen lassen und unter fliessendem Wasser spülen. Im Ofen bei schwacher Hitze trocknen lassen.

Für die Schneckenbutter Petersilie, Anissamen und Schalotten zusammen mit einer Prise Salz und frisch gemahlenem schwarzem Pfeffer zur Butter geben. Gründlich vermengen.

Die Schnecken aus dem Sud heben und den Sud so stark wie möglich einkochen lassen. In jedes Schneckenhäuschen etwas von diesem Fond, eine Flocke der Mehlbutter und eine der abgetropften Schnecken geben. Mit der Kräuterbutter vollständig abdecken. Auf ein Schneckenblech setzen und im Ofen erhitzen, bis die Butter schäumt. Heiss servieren.

Courtine empfiehlt: Die Wulst am Schneckenkörper (Leber und Geschlechtsorgane) nicht entfernen, dies ist der schmackhafteste und nahrhafteste Teil.

Zu den Schnecken nach Elsässer Art trinkt Maigret einen Riesling.

FISCHE

Er knabberte die knusprigen Gründlinge, von Zeit zu Zeit warf er einen Blick auf die Seine, wo die Lastkähne gemächlich vorbeizuckelten. *Maigrets erste Untersuchung*

Zweimal während des Essens hatte ihn Madame Maigret mit einer Spur von Rührung betrachtet, zuerst, als er fritierte Gründlinge bestellte, und dann, als er noch eine Wurst vom Grill und Pommes frites verlangte. *Maigret amüsiert sich*

Friture de goujons

Fritierte Gründlinge

Für 4 Personen
800 g Gründlinge (Goujons)
500 ml Bier
150 g Mehl
Fritieröl
2 Zitronen, in Scheiben geschnitten
einige Petersilienstengel

Die Fische mit Haushaltpapier sorgfältig trockentupfen. Ins Bier tunken und im Mehl wenden, etwas schütteln, damit die Mehlschicht nicht zu stark klebt. Die Fische im sehr heissen Öl 3–4 Minuten goldbraun fritieren.

Auf Küchenpapier abtropfen lassen, salzen. Mit Zitronenscheiben und fritierten Petersilienstengeln servieren.

Courtine empfiehlt: Kleine Fische nimmt man gewöhnlich nicht aus. Durch Daumendruck auf den Bauch lassen sich die Schwimmblase und die Gedärme herauspressen.

Zu fritierten Gründlingen trinkt Maigret weissen Menetou-Salon (Sauvignon von der Loire, westlich von Sancerre).

Es waren noch zweihundert Meter bis nach Hause, wo sich ein Duft von Makrelen verbreitete. Madame Maigret bereitete sie mit Weisswein zu, auf kleinem Feuer, mit viel Senf.

Maigret und der Messerstecher

Maqueraux au four

Im Ofen gebackene Makrelen

Für 4 Personen
4 feste, frische Makrelen von je ca. 300 g
4 Thymianzweiglein
4 Kaffeelöffel Calvados
Zitronensenf
6 Schalotten, fein gehackt
1 Bund Petersilie, fein geschnitten
250 ml trockener Weisswein
Pfeffer

Die Makrelen ausnehmen und aussen auf beiden Seiten einige leichte schräge Einschnitte machen. In jeden Fisch ein Thymianzweiglein, eine Prise Pfeffer und 1 Kaffeelöffel Calvados geben. Grosszügig mit Senf einpinseln.

Den Boden einer ofenfesten Form gleichmässig mit den gehackten Schalotten und Petersilie ausstreuen.

Die Makrelen daraufgeben und den Weisswein dazugiessen. Mit Backpapier abdecken und bei mittlerer Hitze (200 °C) 20 Minuten im Ofen garen.

Courtine empfiehlt: Am besten sind in der guten Fangzeit – von März bis November – mit der Angel gefangene Makrelen. Werden die Makrelen noch lebend in Tomatenpaste eingelegt, nehmen sie Halbmondform an und werden «Cors de chasse», «Jagdhörner», genannt. Dieser Zustand bezeugt Frische, denn die Todesstarre hält nur 24 Stunden an; daher ist der Preis dieser Makrelen hoch, ihre Güte von Feinschmeckern besonders geschätzt.

Zu ofengebackenen Makrelen trinkt Maigret einen direkt von der Hefe gezogenen Muscadet.

Zu den grillierten Rotbarben hatten sie einen Pouilly-Fumé getrunken, dessen Duft sie noch umschwebte. *Maigret zögert*

Rougets grillés

Grillierte Rotbarben

Für 4 Personen
800 g kleine Rotbarben, geputzt
Olivenöl
Kräuter nach Belieben (Thymian, Fenchel, Rosmarin, Basilikum, Majoran), fein geschnitten

Sardellenbutter:
50 g gesalzene Sardellen
75 g Butter

Die kleinen Rotbarben werden geschuppt verkauft, und, da sie keine Galle haben, muss man sie nicht ausnehmen. Einige schräge Einschnitte im fleischigen Teil des Rückens anbringen. Die Fische mit Olivenöl bepinseln und mit den Kräutern bestreuen. Auf einen eingeölten Grill legen und von beiden Seiten braten.

Für die Sardellenbutter die Sardellen gründlich waschen, abtrocknen, mit der Butter vermengen und dann durch ein Haarsieb passieren.

Courtine empfiehlt: Von allen Gewürzen scheint mir Basilikum das exquisiteste zu sein.

Zu grillierten Rotbarben trinkt Maigret einen Pouilly-Fumé.

Man hätte glauben können, was er auf diese Weise fixierte, sei so nichtssagend, so uninteressant wie eine weisse Wand, und dass er an nichts denke, es sei denn an die Diepper Seezunge, die er soeben bestellt hatte. *Maigret und der Minister*

Sole Dieppoise

Seezunge mit Muscheln und Krevetten

Für 4 Personen
4 Seezungen, die Haut auf der dunklen Aussenseite entfernt

Fischfond:
Haut und Gräte von 2 Seezungen
1 Karotte
1 Zwiebel, mit 1 Gewürznelke besteckt
1 Kräuterbündel

3 Schalotten, fein gehackt
100 g Butter

200 ml trockener Weisswein
4 schöne Champignons, klein gewürfelt
1 Zitrone, Saft
50 g Crème fraîche
15 Miesmuscheln, gründlich gebürstet und gespült
1 Bund Petersilie
Weisswein
100 g geschälte graue Krevetten
Salz, Pfeffer, Mehl zum Binden

Die Zutaten zum Fischfond in einen Topf geben, mit einem ¾ l Wasser aufgiessen, leicht salzen, aufkochen und etwa 30 Minuten köcheln lassen. Durchpassieren und auf 100 ml einkochen lassen.

Die Schalotten zusammen mit 40 g Butter in Flokken in eine ofenfeste Form geben. Die Seezungenfilets mit der hellen Hautseite nach unten darauflegen. Den reduzierten Fischfond und den Weisswein zugiessen, so dass die Fische knapp damit bedeckt sind. Salzen und pfeffern. Zum Kochen bringen. Dann mit Alufolie bedecken und einige Minuten bei mittlerer Hitze im Ofen gar ziehen lassen.

Die Champignons in 20 g Butter zusammen mit dem Zitronensaft und einem Schuss Weisswein etwa 3 Minuten dünsten.

Die Seezungen mit einem Schaumlöffel aus dem Sud heben, entgräten und auf einer vorgewärmten Servierplatte warm stellen.

Den Sud auf drei Viertel einkochen. Die restliche Butter (40 g) zum Binden und Verfeinern der Sauce verwenden: Dazu etwas Butter und Mehl miteinander verkneten und in den Fond einrühren. Die restliche Butter flockenweise darunterziehen und zuletzt die Crème fraîche beifügen.

Die Muscheln zusammen mit dem Petersilienbund in etwas Weisswein zugedeckt auf grosser Flamme unter gelegentlichem Schütteln dünsten, bis sie sich öffnen. Die Muscheln zusammen mit den Champignons und den Krevetten in die Sauce geben. Nach Belieben nochmals nachwürzen. Die Sauce über die Seezungenfilets giessen und servieren.

Courtine empfiehlt: Zur Diepper Seezunge trinkt Maigret weissen Rully.

– «Bleiben Sie zum Abendessen, Monsieur Maigret? Es gibt eine Mouclade . . . Ich vergesse nicht, dass ich in La Rochelle geboren bin, wo meine Mutter Fischhändlerin war, ich kenne die guten Rezepte . . . Haben Sie je Fischeintopf nach Fourasser Art gehabt?» Maigret zählte auf:
– «Eine Suppe mit Aal, kleinen Seezungen und Tintenfisch.»

Maigret in Künstlerkreisen

Chaudrée

Fischeintopf

Für 4–6 Personen
500 g Meeraal, geputzt, gehäutet
500 g Rochen
3 oder 4 kleine Seezungen
3 kleine Tintenfische (Tintensack entfernt)
15 Knoblauchzehen
Kräuterbündel aus Thymian, Lorbeer, Petersilie, Rosmarin
1 Flasche trockener Weisswein
Salz, Pfeffer, Butter

Aal und Rochen in Stücke schneiden. Zusammen mit den Seezungen und den Tintenfischen in einen Topf geben. Die Knoblauchzehen und das Kräuterbündel beifügen, mit Salz und Pfeffer würzen. Den Wein dazugiessen, eventuell noch mit etwas Wasser ergänzen – die Fische müssen vollständig mit Flüssigkeit bedeckt sein.

Aufkochen und 20 Minuten leicht köcheln lassen. Dann das Kräuterbündel und die Knoblauchzehen entfernen und den Fischeintopf in eine Suppenschüssel giessen. Mit einigen Butterflocken bestreuen und mit Bauernbrot servieren.

Courtine empfiehlt: Man kann die Knoblauchzehen in ein Stück Musselin einbinden, um sie leichter herausnehmen zu können.

Zum Fischeintopf trinkt Maigret einen weissen Domaine de Chevalier oder einen anderen trockenen weissen Graves.

Er ass die Bouillabaisse in einem kleinen, sauberen Restaurant, einsam in seiner Ecke. Sie verschaffte ihm nicht die erhoffte Befriedigung. Es musste wohl an seiner geistigen Verfassung liegen. *Maigret und der Spitzel*

Bouillabaisse

2½–3 kg möglichst viele verschiedene Mittelmeerfische
(Drachenkopf, Knurrhahn, Rotbrasse, Petermännchen,
Bindebrasse, Muräne, roter Drachenkopf, Petersfisch)
je 1 Stück Meeraal und Seeteufel
einige kleine Krabben und Bärenkrebse
2 Zwiebeln, gehackt
4 Tomaten, enthäutet, entkernt, grob zerdrückt
1 Lauchstange, weisser Teil
4 Knoblauchzehen
1 Zweig Fenchelgrün, Thymian, Lorbeer
1 Stück Orangenschale
1 Prise Safran
100 ml Olivenöl
Salz, Pfeffer
mehrere Scheiben Brot vom Vortag

Zwiebeln, Tomaten, Lauchstange und Knoblauchzehen zusammen mit den Kräutern, den Würzzutaten und dem Olivenöl in einen grossen Topf geben. Dann zuerst die festfleischigen Fische dazugeben: Drachenkopf, Meeraal, Muräne, Seeteufel, Krebse und Krabben. Den Topf langsam kreisend schwenken, um die Fische sanft und gründlich mit den Würzzutaten und dem Öl zu vermischen.

3 l kochendes Wasser dazugiessen, aufkochen und 5 6 Minuten stark kochen lassen. Die zartfleischigen Fische beifügen und weitere 7–8 Minuten köcheln lassen. Abschmecken.

Das Brot in 1 cm dicke Scheiben schneiden und in eine tiefe Servierschüssel legen, die Fische daraufgeben und die Suppe darübergiessen. Sie soll nicht dünnflüssig, sondern ölig-konzentriert sein.

Courtine empfiehlt: Das Wasser muss siedendheiss sein und auf einmal in einer raschen Bewegung über die Fische gegossen werden. Ohne diese Schockwirkung misslingt die Verbindung von Wasser und Öl und damit auch die Bouillabaisse.

Zur Bouillabaisse trinkt Maigret einen weissen Cassis.

Dieses Mal ging es um ein Stockfischpüree ... Tags zuvor hatte Pardon ihn angerufen:
– «Sind Sie übermorgen frei? Mögen Sie Stockfischpüree? Sind Sie für oder gegen Trüffel?»
– «Für!»

Maigret und sein Revolver

Brandade de morue

Stockfischpüree

Für 6 Personen
1 kg dicker Stockfisch in grossen Blättern
600 ml Öl
250 ml Milch
100 g Crème fraîche
1 Trüffel (fakultativ), gebürstet, fein gehackt

Den Stockfisch über Nacht zum Entsalzen in Wasser einlegen. Abgiessen, mit frischem kaltem Wasser in einen Topf geben und aufkochen. Sobald Schaum entsteht, die Temperatur senken und den Fisch 25 Minuten köcheln lassen. Herausnehmen und abtropfen lassen. Gräten und Haut gründlich entfernen, das blättrige Fleisch mit den Fingern möglichst klein zerzupfen.

AU PIED DE COCHON
AU PIED DE COCHON
La Slavia
AU PIED DE COCHON
La Slavia
TABAC DES HALLES
TABAC

In einer Sauteuse 200 ml Olivenöl erhitzen, bis es raucht. Den Stockfisch beigeben und mit einem Holzlöffel bearbeiten, bis eine Paste entstanden ist. Abseits vom Feuer unter ständigem Rühren nach und nach die restlichen 400 ml Olivenöl hineinarbeiten. Dabei zwischendurch immer wieder 2 EL kochende Milch einrühren. Zum Schluss die Crème fraîche daruntermischen. Das Stockfischpüree muss cremig sein und die gleiche Konsistenz wie Kartoffelpüree haben.

Die Trüffel unter das Stockfischpüree mischen.

Courtine empfiehlt: Man kann zum Stockfischpüree leicht geröstete, mit Knoblauch eingeriebene Weissbrotscheiben servieren, wie es in der Provence üblich ist. Die authentische Form, wie sie im Languedoc und in Nîmes serviert wird, enthält keinen Knoblauch.

Zum Stockfischpüree trinkt Maigret einen weissen Hermitage.

Der Patron kam vorbei und schlug vor:
– «Ein kleiner Marc? Nach dem Ailloli ist das obligatorisch.»

Mein Freund Maigret

Ailloli garni

Provenzalische Fischplatte

Für 6 Personen
800 g Stockfisch

Ailloli:
150 g Knoblauch
4 Eigelb
2 gekochte Kartoffeln, geschält
400 ml Olivenöl
etwas Zitronensaft
grobes Meersalz

500 g Karotten
500 g grüne Bohnen
1 kleiner Blumenkohl
1 kg Kartoffeln
1 gekochte Rande (rote Bete)
6 Eier, hartgekocht

Den Stockfisch über Nacht in Wasser einlegen.

Für das Ailloli den Knoblauch schälen und zusammen mit etwas grobem Meersalz im Mörser zerstossen. Die 4 Eigelb und die zwei gekochten, geschälten Kartoffeln beigeben und zu einer glatten Masse arbeiten. Nach und nach unter ständigem Rühren das Olivenöl beigeben und zu einer Mayonnaise aufschlagen. Vor dem Servieren etwas Zitronensaft beifügen.

Den Stockfisch abgiessen und in frischem Wasser 20 Minuten pochieren. Abgiessen, abtropfen lassen, Haut und Gräten entfernen und den Fisch warm stellen.

Die Karotten, die grünen Bohnen und den Blumenkohl getrennt garen. Die Kartoffeln in der Schale kochen, dann schälen. Die Gemüse rund um den warmgehaltenen Stockfisch anrichten.

Die Eier schälen, halbieren und damit die Platte garnieren. Dazu das Ailloli servieren.

Courtine empfiehlt: Wie bei einer Mayonnaise kann es vorkommen, dass das Ailloli misslingt, das heisst, dass es gerinnt. In diesem Fall die Masse in eine andere Schüssel geben und den Mörser gründlich reinigen. Eine weitere Knoblauchzehe im Mörser zerstossen und nach und nach die geronnene Masse unterrühren.

Zum Ailloli garni trinkt Maigret einen weissen Cassis.

– *Im «Clou Doré» habe ich eine ausgezeichnete Paella gegessen . . .* *Maigret lässt sich Zeit*

Paella

Für 6–8 Personen
1 kg Muscheln, gründlich gebürstet, mehrmals gewaschen
100 ml trockener Weisswein
500 g grüne Bohnen, halbiert
500 g Erbsen
3 rote Peperoni (Paprikaschoten)
200 g Tomaten, gehäutet, entkernt und gewürfelt
50 g Butter, etwas Zucker
6 Cipollatas
2 EL Schweinefett
2 Zwiebeln, gehackt
1 Hühnchen, zerlegt, in Stücke geschnitten
300 g Schweinenacken (Schopfbraten), in grosse Würfel geschnitten

300 g Seeteufel, in grosse Würfel geschnitten
600 g Langkornreis
250 g Scampi, geschält
2 l Geflügelbouillon
6 Scampi, mit Schale
1 Messerspitze Safran (3 g), Salz, Pfeffer

Die Muscheln zusammen mit dem Weisswein und Pfeffer in eine weite Pfanne geben und zugedeckt auf grossem Feuer unter gelegentlichem Schütteln dünsten, bis sie sich öffnen. Durch ein Passiertuch abgiessen, den Fond zurückbehalten.

Die Bohnen und die Erbsen getrennt in Salzwasser weich kochen. Die Peperoni blanchieren, dann in Ringe schneiden.

Die Tomaten zusammen mit der Butter, 1 Prise Salz und Zucker über sanfter Hitze langsam schmelzen, ohne sie einkochen zu lassen, durch ein Sieb streichen.

Die Cipollatas braten.

In einer grossen Bratpfanne das Schweinefett erhitzen und die Zwiebel darin andünsten. Hühnchen-, Schweinefleisch- und Seeteufelstücke beigeben, anbraten und 20 Minuten schmoren lassen. Den Reis, die geschmolzenen Tomaten, Safran, Salz und Pfeffer zugeben und gut mischen. Vom Feuer ziehen und die geschälten Scampi, einige ausgelöste Muscheln, die Erbsen, Bohnen und Peperoni sowie die Cipollatas beigeben. Die Geflügelbouillon und den beiseitegestellten Muschelfond zugiessen. Zudecken und 15 Minuten stark kochen lassen.

Die 6 Scampi und die restlichen Muscheln in der Schale beigeben und sehr heiss servieren.

Courtine empfiehlt: Die geschmolzenen Tomaten (auch Tomaten portugiesische Art) müssen gründlich ausgepresst und kräftig gewürzt sein.

Zu Paella trinkt Maigret einen Vinho verde.

Er bestellte luftgetrocknetes Bündnerfleisch, Bauernwurst und Bauernschinken, dann einen Fisch aus dem See, einen Wandersaibling. *Maigret auf Reisen*

Omble chevalier

Wandersaibling

Für 1–2 Personen
1 schöner Wandersaibling (notfalls Lachsforelle)
150 g Karotten
250 g Sauerampfer
1 Trüffel (fakultativ), fein gehackt
3 Schalotten, fein gehackt
200 ml trockener Weisswein
3 Eigelb
200 ml Crème fraîche
Salz, Cayennepfeffer, etwas Zitronensaft

Den Fisch ausnehmen und putzen. An beiden Bauchenden mit einer Schere die Hauptgräte zerschneiden und sorgfältig herausnehmen, die kleinen Gräten entfernen.

Die Gemüse getrennt in Bouillon oder Wasser kochen. Abgiessen und abtropfen lassen, dann fein hakken und mischen. Die Trüffel beigeben. Salzen und pfeffern. Mit dieser Masse den Bauch des Fischs füllen.

Eine ofenfeste Form ausbuttern, die feingehackten Schalotten gleichmässig darin verteilen und den Fisch darauflegen. Den Wein darübergiessen. Mit Alufolie bedecken und im Ofen bei 180 °C etwa 20 Minuten garen. Den Fisch auf eine vorgewärmte Platte legen und (ausser am Kopf) die Haut abziehen.

Die Eigelb in die Crème fraîche schlagen und auf kleinem Feuer unter stetem Schlagen dem Fischkochsud beigeben. Die Sauce darf nicht mehr kochen. Mit Salz, Cayennepfeffer und Zitronensaft nachwürzen. Den Fisch damit begiessen.

Courtine empfiehlt: Wenn man befürchtet, die Füllung sei zu flüssig, kann man sie fester machen, indem man eine Semmel ohne Rinde in Milch aufweicht, dann auspresst und mit der Farce vermischt. Auch zerstossenes Wittlingfleisch (Merlan) erbringt das gleiche Resultat, verändert aber etwas den Charakter des Gerichts. Den Sauerampfer kann man durch Spinat ersetzen. Zum Wandersaibling trinkt Maigret einen Fendant.

– «Nehmen Sie Platz, mein Guter. Sieh an! Auch die ‹Sûreté nationale› gibt uns die Ehre! Georges, Liebling, ein drittes Gedeck. Was meint ihr beide zu Rebhühnchen auf Kohl? Wartet mal! Und Forellen blau als Vorspeise. Leben sie noch, Georges?» *Maigret und sein Toter*

Truites au bleu

Forellen blau

Für 4 Personen
4 ganz frische Forellen, am besten noch lebende, vom Fischhändler töten und ausnehmen lassen
3 Zwiebeln, mit Gewürznelken besteckt
2 Karotten, in Rädchen geschnitten
Salz, Pfefferkörner
1 grosses Kräuterbündel
Essig
2 Zitronen, geschält, in dünne Scheiben geschnitten
4 Stengel krause Petersilie

Mit den besteckten Zwiebeln, den Karottenrädchen, einigen Pfefferkörnern und wenig Salz, dem Kräuterbündel und reichlich Essig einen Sud herstellen. Aufkochen und 10 Minuten köcheln lassen. Die Forellen in den nicht mehr kochenden Sud geben und 8–10 Minuten gar ziehen lassen. Mit einem Schaumlöffel herausheben, abtropfen lassen, anrichten und mit den Zitronenscheiben und der Petersilie garnieren. (Zitronenscheiben und Petersilienstengel können nach Belieben auch in einem leichten Bierteig gewendet und fritiert werden.)

Courtine empfiehlt: Zur Forelle blau trinkt Maigret einen Silvaner.

WILD UND GEFLÜGEL

– *«Und die Rebhühnchen auf Kohl! Erinnern Sie sich noch? Schade, dass jetzt nicht Jagdzeit ist . . .»* *Maigret hat Angst*

Perdreaux au chou

Rebhühnchen auf Kohl

Für 4 Personen
2 junge, gutgenährte Rebhühnchen
1 Kopf Wirsing mit krausen, glänzenden Blättern
50 g Butter
200 g magerer Brustspeck, grob gewürfelt
1 kleine Kochwurst
250 g Karotten, geschält, in grobe Stücke geschnitten
1 grosse Zwiebel, geschält
1 Kräuterbündel
250 ml Geflügelbouillon
100 ml Weisswein
50 ml Cognac
Salz, Pfeffer

Die Rebhühnchen rupfen, sorgfältig ausnehmen und abflammen. Bratfertig binden (oder schon küchenfertig kaufen).

Vom Wirsing den Strunk und die groben Deckblätter entfernen, den Kopf unter fliessendem Wasser waschen, dabei die Blätter auseinanderspreizen. Den Wirsingkopf vierteln und in stark kochendem Wasser

10 Minuten garen. Abtropfen und abkühlen lassen, dann gründlich auspressen.

Die Butter in einem grossen Schmortopf erhitzen und die Rebhühnchen darin rundherum goldgelb anbraten. Herausnehmen.

Im selben Topf die Speckwürfel anbraten und Farbe nehmen lassen. Die rohe Kochwurst, die Hälfte des Kohls, die Karotten, die Zwiebel und das Kräuterbündel beigeben, dann die Rebhühnchen darauflegen und mit dem Rest des Kohls bedecken. Bouillon, Wein und Cognac darübergiessen und gut mit Pfeffer würzen. Zugedeckt auf kleinem Feuer 1½ Stunden schmoren.

Dann die Rebhühnchen herausheben, halbieren und auf einer grossen Platte auf dem Kohl anrichten. Eventuell leicht salzen. Mit den Speckwürfeln, den Karotten und der in Scheiben geschnittenen Wurst umlegen. Den Kochjus nochmals aufkochen und darübergiessen.

Courtine empfiehlt: Für diese Zubereitung müssen Rebhühnchen, die jünger als ein Jahr sind (Gabelhuhn), oder allenfalls sehr junge Rebhühner verwendet werden. Man erkennt sie an den gelblichen Läufen und den spitz zulaufenden unteren Flügelfedern; bei älteren Tieren sind diese gerundet, und die Läufe sind gräulich und schuppig.

Die Wurst darf leicht geräuchert sein.

Zu Rebhühnchen auf Kohl trinkt Maigret einen Santenay, Domaine des Hautes-Cornières.

An diesem Abend unterhielt man sich über Küche und Kochen, insbesondere über die beste Art, den Hasen nach königlicher Art zuzubereiten. *Maigret hat Angst*

Lièvre à la royale

Hase nach königlicher Art

Für 6 Personen
1 Hase von 2,5–3 kg, ausgenommen, Herz, Lunge und Leber klein gehackt
200 g Rückenspeck
150 g Butter
100 g Schalotten, gehackt
150 g Weissbrot ohne Rinde
etwas Milch
100 g Trüffel, klein gewürfelt
100 g Stopfleber, fein gewürfelt
350 g feinstes Brät
3 Knoblauchzehen, gehackt
einige Stengel Petersilie, fein geschnitten
50 ml Marc
1 dünne Scheibe fetter Speck (Bardierspeck)
Salz, Pfeffer, Viergewürzepulver

Marinade:
2 Flaschen kräftiger Rotwein (Châteauneuf-du-Pape oder alter Cahors)
200 ml Marc
2 Karotten, grob gewürfelt
2 Zwiebeln, in Scheiben geschnitten
1 Kräuterbündel aus Thymian, Lorbeer und Petersilie
einige schwarze Pfefferkörner

Vom Hasen die Filets mignons (ein kleines Fleischband am unteren Teil des Rückens) lösen und beiseite legen. Die Schlegel an der Innenseite bis auf den Knochen schlitzen und die Knochen entfernen, ebenfalls Beckenknochen, Schulterblätter, Rückgrat und Rippen entfernen. Rücken und Schlegel von Nerven- und Sehnensträngen befreien. 100 g des Rückenspecks in Streifen schneiden und damit das Fleisch spicken, den Rest fein würfeln.

Ein grosses Stück Butter schmelzen und die Schalotten darin dünsten. Das Weissbrot in etwas Milch einweichen und auspressen.

Trüffel, Stopfleber und den feingewürfelten Speck in ein Gefäss geben. Brät, Knoblauch, Petersilie, Herz, Lunge und Leber des Hasen, die Schalotten und das Brot dazugeben. Mit Salz, Pfeffer, einer Prise Viergewürzepulver und dem Marc würzen. Vorsichtig mischen, ohne dass die Masse breiig wird. Mit der Hälfte der Masse den Hasen füllen, dann die ausgelösten Filets mignons hineinlegen und mit dem Rest der Farce auffüllen. Die Bauchöffnung zunähen, den Hasen binden und mit dem Bardierspeck umwickeln.

Alle Zutaten zur Marinade mischen und den Hasen 3–4 Tage darin einlegen, täglich dreimal wenden und mit Marinade übergiessen. Dann aus der Marinade heben und trockentupfen.

Ein grosses Bratgeschirr ausbuttern und den Hasen hineinlegen. Mit etwas zerlassener Butter beträufeln, zudecken und sanft anschwitzen, ohne dass er Farbe annimmt. Wenn das Fleisch etwas gequollen ist, die Marinade dazugiessen und bei mittlerer Hitze (190–200 °C) 4 Stunden im Ofen garen, dabei häufig begiessen.

Den Hasen auf eine vorgewärmte Platte geben. Den Bardierspeck entfernen, die Bauchnaht öffnen. Die

Sauce durch ein Tuch passieren und abfetten, dickflüssig einkochen lassen, dann unter kräftigem Schlagen mit 100 g Butter binden. Etwas von der Sauce über den Hasen giessen, den Rest in einer Sauciere dazu reichen.

Courtine empfiehlt: Den Faden der Bauchnaht nicht zu straff spannen, er könnte sonst während der Garung die Haut zerreissen.

Zum Hasen nach königlicher Art trinkt Maigret einen grossen Burgunder, zum Beispiel einen Pommard, oder den gleichen Cahors, der für die Marinade verwendet wurde.

Für Maigret hatte es denkbar banal angefangen, eines Abends, als er bei den Pardon dinierte. Madame Pardon hatte eine Ente nach Roueneser Art zubereitet, welche ihr perfekt geglückt war. Und dafür hatte der Kommissar eine echte Schwäche.

Maigret in Kur

Canard au sang

Ente Roueneser Art

Für 3–4 Personen
1 Ente
Senf
½ Flasche Rotwein
1 Schalotte, gehackt
75 g Butter
Salz, Pfeffer, geriebene Muskatnuss

Die Ente ausnehmen (dabei die Leber beiseite legen) und pfannenfertig zurichten oder küchenfertig kaufen. Innen salzen und pfeffern. Im vorgeheizten Ofen bei 230–250 °C 16–18 Minuten braten. Das Fleisch muss noch blutig sein. Die Ente aus dem Ofen nehmen, die Haut abziehen. Die Schenkel lostrennen, leicht mit Senf einpinseln und auf dem Grill fertiggaren. Die Brustfilets lösen und in dünne Scheiben schneiden. Auf einer vorgewärmten Platte zugedeckt warm halten.

Das Knochengerüst in Stücke zerlegen und zerhakken. Gründlich auspressen und das Blut auffangen.

Den Wein mit der gehackten Schalotte aufkochen und zu einer sirupartigen Konsistenz einkochen lassen.

Die rohe Leber durch ein Sieb pressen und mit der Butter verkneten, nach und nach das Entenblut dazugeben. Diese Mischung in die Weinreduktion einrühren. Mit geriebener Muskatnuss und eventuell Salz und Pfeffer abschmecken. (Nicht mehr kochen lassen.) Über die Entenbrust und -schenkel anrichten.

Courtine empfiehlt: Für die Zubereitung nach Roueneser Art, «au sang», darf die Ente nicht ausgeblutet, sondern muss erstickt werden. Man kann dazu ein Weissrübenpüree servieren.

Zu Ente Roueneser Art trinkt Maigret einen Corton Grancey.

Sie entschlossen sich zu einer erfrischenden Vichyssoise und dem Tagesteller, Canard à l'orange. *Maigret verteidigt sich*

Canard à l'orange

Ente mit Orangen

Für 3–4 Personen
1 Ente von 2 kg
3 Orangen, die Schale in feinen Streifen abgeschnitten,
1 Orange in Stücke geschnitten, 2 ausgepresst
60 g Butter
100 ml trockener Weisswein
150 ml Geflügelbouillon
1 Prise Puderzucker
50 ml Curaçao
Salz, Pfeffer
2 Orangen für die Garnitur

Die ausgenommene und pfannenfertig zugerichtete Ente abflammen und gründlich abtupfen. Binden. (Die Ente kann auch küchenfertig vorbereitet und gebunden gekauft werden.) Die Ente mit der in Stücke geschnittenen Orange füllen und zunähen. Die Butter in einem Schmortopf erhitzen, die Ente darin ungefähr 20 Minuten sanft anbraten. Salzen und pfeffern. Ein Drittel der Orangenschalenstreifen zusammen mit dem Weisswein und der Bouillon beigeben, zudecken und 1 Stunde sanft köcheln lassen.

Die restlichen Orangenschalenstreifen 3 Minuten blanchieren.

Wenn die Ente gar ist, herausheben und warm stellen. Den Bratensatz mit dem ausgepressten Orangensaft ablöschen und unter Rühren gründlich vom Boden lösen. Die blanchierten Orangenschalenstreifen, den Puderzucker und den Curaçao beigeben und aufkochen.

Die Ente zerlegen, zuerst die Schenkel, dann die Brüste lösen. Auf einer vorgewärmten Platte anrichten, mit einem Teil der Sauce begiessen, den Rest in einer Sauciere servieren. Für die Garnitur die zwei Orangen schälen, entkernen, halbieren, in dünne Scheiben schneiden und die Platte damit garnieren.

Courtine empfiehlt: Wenn Sie die Ente im Federkleid kaufen, unbedingt die zwei Drüsen am Steiss entfernen, sie würden dem Fleisch einen schlechten Geschmack geben.

Zu Canard à l'orange trinkt Maigret einen Château Giscours (Margaux).

– «Ich habe mich schon immer gefragt, wie Sie's machen . . .»
Es ging um das Hähnchen mit Weisswein, welches zum Abendessen serviert worden war. Madame Pardon knüpfte an:
– «Es hat einen diskreten Nachgeschmack, kaum wahrnehmbar, der macht den kleinen Unterschied aus, aber ich kann ihn nicht identifizieren.»
– «Ganz einfach . . . , ich nehme an, dass Sie im letzten Moment noch ein Gläschen Cognac dazu geben.»
– «Cognac oder Armagnac, was immer ich gerade zur Hand habe . . .»
– «Also ich mache es, obschon es nicht ganz korrekt ist, mit Elsässer Schlehenschnaps. Das ist mein ganzes Geheimnis . . .»

Maigrets Geständnis

Sie assen ländliche Rillettes, ein Hähnchen in Weisswein, und, nach dem Ziegenkäse, Baba au rhum.

Maigret und der Messerstecher

Coq au vin blanc

Hähnchen in Weisswein

Für 4 Personen
1 Hähnchen von etwa 2 kg, zerlegt und in Stücke geschnitten
3 Karotten, geputzt, klein geschnitten
1 Lauchstengel, geputzt, in Streifen geschnitten
1 Zwiebel, fein gehackt
1 Stengel Petersilie
½ Lorbeerblatt, 2 Zweige Thymian
Schweinefett oder Butter zum Anbraten
4 Schalotten, fein gehackt
2 Knoblauchzehen, gepresst
1 gestrichener Esslöffel Mehl
100 ml Riesling
Salz, Pfeffer, Muskatnuss
1 Eigelb
100 g Crème fraîche
½ Zitrone, Saft
10 ml klarer Schlehenschnaps (oder Cognac oder Armagnac)

Ein Drittel der Karotten sowie Lauch, Zwiebel und Petersilienstengel zusammen mit den Geflügelfüssen bei mittlerer Hitze andämpfen. Das halbe Lorbeerblatt und einen Thymianzweig dazugeben und mit 300 ml Wasser ablöschen. ½ Stunde auf etwa ein Drittel (100 ml) einköcheln lassen. Durchpassieren und bereithalten.

In einem Schmortopf Schweinefett oder Butter erhitzen und die Geflügelstücke darin bei grosser Hitze anbraten. Herausnehmen, den Rest der Karotten, die Schalotten und den Knoblauch hineingeben und über gelinder Hitze 10 Minuten goldgelb dünsten. Das Fleisch wieder in den Topf geben, mit dem Mehl bestäuben, die durchpassierte Bouillon und den Riesling sowie ein Thymianzweiglein dazugeben, mit Salz,

Pfeffer und etwas geriebener Muskatnuss würzen. Zugedeckt 1 Stunde köcheln lassen (ein über 1½ Jahre altes Hähnchen 2 Stunden). Wenn die Fleischstücke gar sind, aus dem Topf heben und auf einer vorgewärmten Platte anrichten.

Den Topf vom Feuer nehmen. Das Eigelb mit der Crème fraîche verrühren und hineingeben. Mit dem Zitronensaft und dem Schlehenschnaps abschmecken und die Sauce über das Fleisch giessen.

Courtine empfiehlt: Dazu frische Teigwaren servieren.

Zu Hähnchen in Weisswein trinkt Maigret einen Riesling.

Als er heimkam, erwarteten ihn ein Hähnchen nach Hausfrauenart und eine Madame Maigret, die bereute, was sie am Morgen zu ihm gesagt hatte. *Maigret amüsiert sich*

Poulet bonne femme

Hähnchen nach Hausfrauenart

Für 4 Personen
1 Hähnchen, ausgenommen
50 g Butter
50 g magerer Brustspeck, in Würfel geschnitten
20 kleine Silberzwiebeln
500 g Kartoffeln, geschält, gewaschen und in hübsche Form geschnitten (tourniert)
einige Stengel Petersilie, fein geschnitten
Salz, Pfeffer

Das Hähnchen innen und aussen salzen und pfeffern, binden.

In einem grossen Schmortopf die Butter zerlassen und das Hähnchen auf allen Seiten goldgelb anbraten.

Im Ofen bei 150–180 °C braten, dabei häufig wenden und mit dem Bratfett begiessen. Nach der Hälfte der Garzeit die Speckwürfel, die Silberzwiebeln und die Kartoffeln beigeben und gleichmässig auf dem Topfboden verteilen. Ohne Deckel bei stärkerer Hitze mitgaren und knusprig goldbraun werden lassen.

Wenn nötig nachwürzen und mit der Petersilie bestreut im Schmortopf auftragen.

Courtine empfiehlt: Es lohnt sich die Mühe, ein echtes Bauernhofhähnchen zu besorgen. Man findet solche ab November noch auf den Märkten, und zwar die schwarz- oder weissfüssigen Hähnchen aus Nantes, die von erster Güte sind.

Zum Hähnchen nach Hausfrauenart trinkt Maigret einen roten Saint-Nicolas-de-Bourgueil.

Das Huhn war auf dem Feuer, mit einer schönen, roten Karotte, einer Zwiebel und einem Bund Petersilie, deren Stielenden herausragten. *Madame Maigrets Freundin*

Poule au pot

Suppeneintopf mit gefülltem Huhn

Für 4 Personen
1 Poularde (Masthuhn), küchenfertig, Geflügelklein beiseitegelegt
3 Eier
4 Hühnerlebern, klein geschnitten
200 g Bayonner Schinken, gehackt
1 Schalotte, gehackt
30 g altbackenes Weissbrot ohne Rinde
2 Knoblauchzehen
1 Bund Petersilie
1 Zweig Estragon
1 dünne Scheibe Bardierspeck
150 g Karotten
100 g weisse Rübchen
1 Lauchstange, geputzt
1 Selleriestange
1 grosse Zwiebel, mit Gewürznelken besteckt
Salz, Pfeffer, Muskatnuss

In einer Schüssel die Eier aufschlagen, die kleingeschnittenen Hühnerlebern, den gehackten Schinken, die Schalotte und das in etwas Milch aufgeweichte Weissbrot beifügen. Eine Knoblauchzehe hineinpressen und von der Petersilie und dem Estragon je etwa 1 EL klein geschnitten beigeben. Mit Salz, Pfeffer und einer Spur geriebener Muskatnuss würzen. Gründlich durchkneten. Die Poularde mit der Masse füllen, zunähen und mit der Spickspeckscheibe umwickeln.

Das Geflügelklein (Füsse, Magen) in 3 l Wasser zum Kochen bringen. Die Poularde hineingeben, aufkochen, abschäumen, salzen, zudecken und 1 Stunde köcheln lassen.

PAPIERS
FICELLES
PAPSAC
Réclame

Die Gemüse, die besteckte Zwiebel, eine ungeschälte Knoblauchzehe und das Bund Petersilie dazugeben und 1½ Stunden sanft weiterköcheln lassen.

Den Bardierspeck entfernen und die Poularde tranchieren. Zusammen mit dem Gemüse anrichten.

Courtine empfiehlt: Man kann die Bouillon passieren und über im Ofen leicht grillierte, mit etwas Senf bestrichene Bauernbrotscheiben anrichten.

Zum Suppeneintopf mit gefülltem Huhn trinkt Maigret einen Madiran.

Er fand eine Geflügelkeule, die noch mit glacierter Sauce überzogen war. Er schnitt sich eine dicke Scheibe Brot ab und bestrich sie mit Butter.
Mampfend kam er ins Haus zurück:
– «Gibt's bei Ihnen kein Bier?» *Maigret und sein Rivale*

Poule en daube en gelée

Geschmortes Huhn in Aspik

Für 6 Personen
1 Huhn
1 Kalbsfuss
4 Zwiebeln, in Scheiben geschnitten
300 g Karotten, in Rädchen geschnitten
200 g Brustspeck, gewürfelt
1 Kräuterbündel
½ Flasche trockener Weisswein
80 ml Cognac oder Armagnac
Salz, frisch gemahlener schwarzer Pfeffer, 1 Gewürznelke,
1 Prise Viergewürzepulver

Den Kalbsfuss der Länge nach spalten, zusammen mit den Zwiebeln, den Karotten, dem gewürfelten Speck und dem Kräuterbündel in einen grossen Topf geben, salzen und bis zur Hälfte mit Wasser füllen. Zum Kochen bringen, zudecken und ½ Stunde sanft köcheln lassen.

Vom Huhn die Keulen abtrennen und zusammen mit dem Körper in den Topf geben. Aufkochen, abschäumen, zudecken und nochmals ½ Stunde sanft köcheln lassen. Den Wein dazugiessen und 1½ Stunden weiterköcheln.

Den Cognac oder Armagnac zugeben, mit frisch gemahlenem schwarzem Pfeffer, der Gewürznelke, und der Prise Viergewürzepulver würzen und das Huhn nochmals ½ Stunde fertiggaren.

Das Huhn herausnehmen, die Keulen halbieren, den Rest in Stücke schneiden, in eine tiefe Servierschüssel legen. Die Speckwürfel gleichmässig zwischen den Fleischstücken verteilen.

Die Bouillon passieren, 15 Minuten ruhen lassen, dann entfetten. Wieder zum Kochen bringen und soweit wie möglich einreduzieren. Eventuell nochmals nachwürzen, dann über das Fleisch giessen: Es soll nur eine feine, glänzende Schicht sein. Abkühlen lassen und in den Kühlschrank stellen.

Courtine empfiehlt: Der entbeinte und dann in etwas beiseitegelegtem Gelee aufgewärmte Kalbsfuss ergibt, an einer Kräutervinaigrette, ein herrliches Hors-d'œuvre.

Zum geschmorten Huhn in Aspik trinkt Maigret Bier.

Es war ein äusserst gelungenes Abendessen. Madame Maigret hatte junge Perlhühnchen in Blätterteig zubereitet, und der Kommissar holte eine der letzten Flaschen eines alten Châteauneuf-du-Pape aus dem Keller, von dem er, als er eines Tages durch die Rue Drouot geschlendert war, eine Kiste ersteigert hatte.

Maigret und der Spitzel

Pintadeau en croûte

Perlhühnchen in Blätterteig

Für 4 Personen
1 Perlhühnchen, ausgenommen, die Leber fein gehackt
1 Lammniere, gehackt
100 g Stopfleber (Foie gras)
1 Esslöffel Cognac
2 Trüffel (fakultativ)
Butter zum Anbraten
250 g Blätterteig
Salz, Pfeffer

Die fein gehackte Leber mit der gehackten Lammniere und der Stopfleber zu einer Farce verarbeiten. Mit Salz, Pfeffer und Cocgnac abschmecken und gründlich vermischen. Die Trüffel in die Farce betten und das Perlhühnchen damit füllen. Zunähen und binden.

In einem Topf etwas Butter schmelzen und das Perlhühnchen auf allen Seiten goldbraun anbraten. Etwa 20–30 Minuten unter mehrmaligem Wenden bei 220–230 °C im Ofen schmoren, bis das Fleisch fast gar ist.

Den Blätterteig so dünn wie möglich auswallen. Das Perlhühnchen damit umhüllen. Im vorgeheizten Ofen bei 200–220 °C 15 Minuten backen.

Courtine empfiehlt: Zu Perlhühnchen in Blätterteig kann man eine Périgueux-Sauce servieren, eine braune Grundsauce mit etwas Madeirawein abgeschmeckt, mit gehackten Trüffeln und ungeräuchertem Rohschinken, Thymian und Lorbeer gewürzt.

Zum Perlhühnchen in Blätterteig trinkt Maigret einen Châteauneuf-du-Pape.

– *«Was sagen Sie zu diesem Kaninchen?»*
– *«Herrlich!»*
– *«Ein Gläschen Marc, um ihm nachzuhelfen? Ich bin an der Reihe.»*

Maigret und die schrecklichen Kinder

Lapin farci

Gefülltes Kaninchen

Für 4–6 Personen
1 schönes Kaninchen, pariert, die Leber gehackt
2 getrüffelte Schweinsfüsse im Schweinenetz
scharfer Senf
1 Flasche trockener Weisswein
2 Zwiebeln, in Scheiben geschnitten
2 Karotten, in feine Streifen geschnitten
1 Kräuterbündel (Thymian, Lorbeer, Petersilie)
einige Pfefferkörner
50 ml Marc

Das Kaninchen mit der gehackten Leber und den getrüffelten Schweinsfüssen füllen. Den Bauch zunähen. Das Kaninchen mit Senf bestreichen.

Den Weisswein mit den Zwiebeln, den Karotten, dem Kräuterbündel, einigen Pfefferkörnern und dem Marc zu einer Marinade mischen und das Kaninchen darin 48 Stunden einlegen, von Zeit zu Zeit mit der Marinade begiessen.

Das Kaninchen aus der Marinade heben, abtropfen lassen und wiegen, um die Garzeit zu ermitteln. Pro 500 g rechnet man 20 Minuten. Die Marinade durchpassieren.

Das Kaninchen im heissen Ofen bei 220 °C garen, dabei häufig mit einigen Löffeln der durchpassierten Marinade begiessen. Den Bratenjus separat zum gegarten Kaninchen servieren.

Courtine empfiehlt: Zum gefüllten Kaninchen trinkt Maigret einen roten Saint-Pourçain.

Ohne Zeit zu verlieren, mit einem Stoss, der zur Gewohnheitsgeste geworden war, öffnete er die Türe und schnupperte nach den Düften, die aus der Küche kamen, so wie er es jeden Abend tat. Es gab Wildkaninchen, zu diesem Zeitpunkt eher etwas Seltenes: Ein Gutsbesitzer aus Cléry hatte am Vortag eine Kaninchenjagd organisiert, um etwas gegen die Hunderte von Kaninchen zu unternehmen, die grosse Schäden anrichteten. *Neue Fälle für Maigret*

Sauté de lapin de garenne aux nouilles fraîches

Sautiertes Wildkaninchen mit frischen Nudeln

Für 4 Personen
1 junges Wildkaninchen von ca. 1,2 kg
30 g Butter
50 ml Öl
1 Esslöffel Mehl
1 l kräftige Kalbsbouillon
1 Esslöffel Tomatenmark
1 Kräuterbündel
250 g Frischteigwaren
20 g Crème fraîche
Salz, Pfeffer

Das abgebalgte, ausgenommene und parierte Wildkaninchen in Stücke schneiden.

In einem Schmortopf Butter und Öl erhitzen, die Fleischstücke salzen und pfeffern und von allen Seiten goldgelb anbraten.

Das Fett abgiessen und die Fleischstücke mit Mehl bestäuben, wenden und mit der Bouillon ablöschen. Tomatenmark und Kräuterbündel beigeben. Zum Kochen bringen, zudecken und 1 Stunde sehr sanft köcheln lassen.

Die Kaninchenstücke herausnehmen und in eine saubere Pfanne legen. Die frischen Nudeln 5 Minuten in Salzwasser blanchieren, abtropfen lassen, dann auf das Fleisch geben.

Die Wildkaninchensauce durch ein Tuch passieren und auf ½ l einkochen. Vom Feuer nehmen und die Crème fraîche einrühren. Nochmals abschmecken. Die Sauce über die Nudeln giessen und über sanfter Hitze 15 Minuten fertiggaren.

Courtine empfiehlt: Wenn man, wie Madame Maigret, die Nudeln selbst machen will, 200 g gesiebtes Mehl, eine Prise Salz und 2 ganze Eier zu einem Teig verarbeiten. Je nach der Qualität des Mehls 1 oder 2 Stunden ruhen lassen. Dann den Teig in rechteckige, 2 mm dünne Blätter auswallen, und diese mindestens 1 Stunde trocknen lassen. Dazu hängt man sie, zur Hälfte gefaltet, über eine straff gespannte Schnur.

Zum sautierten Wildkaninchen mit frischen Nudeln trinkt Maigret einen Chambolle-Musigny.

INNEREIEN

Er ging mit ihr in die «Halles», liess sie Kutteln nach Caener Art und Crêpes Suzette essen, welche man ihnen in hübschen Kupferpfännchen servierte. *Mein Freund Maigret*

Die Kutteln schmeckten köstlich, und als Maigret den Tisch verliess, befand er sich in einem Zustand von Glückseligkeit, an welchem der Calvados des Patrons, dem er nicht hatte widerstehen können, nicht ganz unschuldig war.
Neue Fälle für Maigret

Es gab Kutteln nach Caener Art, die ihm auch nicht empfohlen worden waren, die er aber dennoch mit Hochgenuss verspeiste. *Maigret und Monsieur Charles*

Tripes à la mode de Caen

Kutteln nach Caener Art

Für 8 Personen
4 kg Kutteln
1 Knoblauchzehe
3 Karotten, geschält, in Würfel geschnitten
10 Zwiebeln, in Scheiben geschnitten
2 Kräuterbündel (Petersilie, Thymian, Lorbeer)
2 Rindsfüsse, halbiert und blanchiert
1 Flasche Apfelwein
100 ml junger Calvados
Salz, Pfeffer

Die Kutteln sauber gereinigt und blanchiert kaufen, in etwa 5 × 5 cm grosse Quadrate schneiden.

Einen grossen Topf mit der Knoblauchzehe ausreiben. Ein Drittel der Kutteln lose hineinlegen, leicht salzen und kräftig pfeffern. Ein Drittel der Karotten und der Zwiebeln, ein Kräuterbündel und zwei halbe Rindsfüsse darauf geben. Eine zweite Schicht Kutteln, Würzgemüse, Kräuterbündel und Rindsfüsse darauf legen und mit dem Rest der Kutteln bedecken. Apfelwein und Calvados beigeben. Den Deckel aufsetzen und mittels einer Mehl-Wasser-Paste hermetisch abdichten. Im Ofen bei sanfter Hitze (etwa 160 °C) ungefähr 10 Stunden garen.

Die Kutteln mit einem Schaumlöffel herausheben und in eine vorgewärmte Schüssel geben. Alle Sudzutaten entfernen, die Bouillon passieren und über die Kutteln giessen. Servieren oder kalt stellen, wenn man das Gericht später wieder aufwärmen will.

Courtine empfiehlt: Kutteln werden meistens geputzt und blanchiert verkauft. Verlangen Sie vom Metzger ungefähr gleiche Mengen Pansen, Blättermagen und Haube.

Vor dem Servieren kann man einen Esslöffel alten Qualitätscalvados vom Land dazugeben.

Zu Kutteln nach Caener Art trinkt Maigret Apfelwein.

– *«Könntest Du sagen, was Du gegessen hast?»*
Er gab sich lammfromm und ulkte:
– *«Lammnierchen.»*

Maigret und die kopflose Leiche

Rognons d'agneau au madère

Lammnierchen mit Madeirasauce

Für 2 Personen
6 Lammnierchen
75 g Champignons, geputzt
35 g Butter
1 Schalotte, fein gehackt
2 Esslöffel Madeira
1 Zweig Thymian, fein gehackt
einige Stengel Petersilie, fein gehackt
Salz, Pfeffer

Die Nierchen enthäuten, zweiteilen und die Nervenfasern entfernen. Unter fliessendem Wasser gründlich waschen. Sorgfältig trockentupfen und in feine Scheiben schneiden. Die Champignons in Scheiben schneiden, dann in 10 g Butter sanft dünsten. Die restliche Butter in einer Kasserolle erhitzen und die Nierchen darin über starker Hitze unter ständigem Rühren kurz sautieren. Wenn sie ihre Farbe verloren haben, leicht salzen, auf eine über ein Wasserbad gesetzte vorgewärmte Platte geben und zudecken. Die Kasserolle wieder aufs Feuer stellen, die feingehackte Schalotte hineingeben und kräftig rühren. Mit dem Madeira ablöschen und mit Pfeffer würzen. Den Thymian und dann die Champignons mit ihrem Jus beigeben und sanft köcheln lassen. Wenn nötig nachwürzen. Nochmals kurz aufwallen lassen und über die Nierchen giessen. Mit Petersilie bestreuen und servieren.

Courtine empfiehlt: Anstelle von Madeira kann man Porto oder, noch besser, einen Sherry fino verwenden.

Zu Lammnierchen mit Madeirasauce trinkt Maigret roten Hermitage.

– *«Sind Sie morgen abend frei?»*
– *«Ja.»*
– *«Mögen Sie Kalbskopf nach Schildkrötenart?»*
– *«Kenn' ich nicht.»*
– *«Mögen Sie Kalbskopf?»*
– *«Leidlich.»*
– *«Dann wird er Ihnen nach Schildkrötenart zusagen. Ich habe dieses Gericht während einer Reise nach Belgien entdeckt. Zu dumm, was könnte ich für einen Wein dazu servieren . . . »*
– *«Vielleicht Bier?»*
Im letzten Moment hatte Pardon, wie er mit fast wissenschaftlichem Gehabe erklärte, einen leichten Beaujolais gewählt.

Maigret und sein Revolver

Tête de veau en tortue

Kalbskopf nach Schildkrötenart

Für 4–6 Personen
½ Kalbkopf, ausgebeint
1 Kalbszunge
1 Kalbshirn
2 Zwiebeln, mit Gewürznelken besteckt
2 Zitronen, Saft
1 Kräuterbündel
Essig
300 ml süsslicher Weisswein
1 Esslöffel gehackter Salbei und Basilikum
1 Kaffeelöffel gehackter Majoran, Rosmarin und Thymian
1 Lorbeerblatt
1 Stengel Petersilie
100 g Rohschinken, klein gewürfelt

100 g Karotten, klein gewürfelt
20 g Butter
1 gestrichener Esslöffel Mehl
1 l Kalbsbouillon
100 g grüne Oliven, entsteint
6 Cornichons, in Scheibchen geschnitten
3 Esslöffel Tomatenmark
3 Eier, hart gekocht
Salz, Pfeffer

Den Kalbskopf und die Zunge ½ Stunde in frischem Wasser wässern. Einen grossen Topf zur Hälfte mit Wasser füllen. Salz, Pfeffer, eine grosse mit Nelken besteckte Zwiebel und den Zitronensaft beigeben. Zum Kochen bringen, Kalbskopf und -zunge dazugeben und 2 Stunden leicht brodelnd kochen lassen. Nach 1½ Stunden die Zunge herausnehmen, die Haut abziehen, wieder in den Topf geben und fertigkochen.

Das Hirn 1 Stunde wässern, etwas Essig dazugeben. Die Häutchen und Blutergüsse entfernen.

Das Kräuterbündel, eine besteckte Zwiebel, einen Esslöffel Essig und eine Prise Salz mit Wasser zu einem Sud aufgiessen, aufkochen, dann abkühlen lassen. Wenn der Sud lauwarm ist, das Hirn beigeben, erneut aufkochen und 15 Minuten sanft köcheln lassen. Das Hirn mit einem Schaumlöffel herausheben, abtropfen lassen und über einem Wasserbad warm halten.

Den Weisswein mit den Kräutern mischen, aufkochen und auf ein Drittel einkochen lassen. Etwas ruhen lassen, dann durchpassieren und bereithalten.

Die Rohschinken- und Karottenwürfelchen in der Butter goldgelb andünsten, mit dem Mehl bestäuben und unter Rühren bräunen. Mit dem Wein-Kräuter-Aufguss und der Kalbsbouillon ablöschen und ½ Stunde kochen. Oliven, Cornichons und Tomatenmark beigeben und weitere 20 Minuten sanft köcheln lassen.

Den gegarten Kalbskopf in Stücke, die Zunge und das Hirn in Scheiben schneiden. Auf einer vorgewärmten Platte anrichten und mit der Sauce begiessen. Mit den halbierten hartgekochten Eiern garnieren.

Courtine empfiehlt: Nach dem Lehrbuch muss man diesem Gericht noch Milkenklösschen, Süsswasserkrebse auf Spiesschen und in Öl geröstete Weissbrotwürfel beifügen – doch, ist dies wirklich nötig?

Zu Kalbskopf nach Schildkrötenart trinkt Maigret belgisches Bier.

– *«Hat sie Appetit gehabt?»*

– *«Warten Sie mal . . . Ein Dutzend Schnecken . . . , dann Kalbsmilke, Käse und Erdbeeren mit Rahm . . . »*

Maigret und der hartnäckigste Kunde der Welt

Ris de veau grand-mère

Kalbsmilken nach Grossmutterart

Für 4 Personen
2 Kalbsmilkennüsschen
50 g Rückenspeck
50 g gepökelte Rindszunge
Butter zum Anbraten
100 ml Weisswein
100 g Karotten, klein gewürfelt
50 g weisse Rübchen, klein gewürfelt
250 g Kalbsbouillon
Salz, Pfeffer

Schön weisse Milken wählen, unter laufendem oder in mehrmals gewechseltem Wasser wässern. In frisches kaltes, gesalzenes Wasser geben, aufkochen und 3 Minuten blanchieren. Abtropfen und vollständig abkühlen lassen, dann parieren: alle Knorpel, dunklen Äderchen und das Fett mit Hilfe eines spitzen Messers entfernen, die feine Haut, welche die Milken umgibt, aber dranlassen. Die Milken in ein sauberes Tuch wikkeln und mit einem Gewicht beschwert ausdrücken.

Den Speck und die gepökelte Rindszunge in Streifen schneiden und die Milken damit spicken.

Die Milken in etwas heisser Butter von allen Seiten goldbraun anbraten. Aus der Pfanne nehmen und warm halten. Den Weisswein in die Pfanne giessen, die gewürfelten Karotten und weissen Rübchen dazugeben, salzen und pfeffern. Die Milken auf die Gemüse in die Pfanne legen und die Kalbsbouillon dazugiessen. Zugedeckt aufkochen und ungefähr 20 Minuten sanft köcheln lassen. Auf einer vorgewärmten Platte anrichten.

Courtine empfiehlt: Die Milke ist eine Drüse (Thymusdrüse), die sich beim ausgewachsenen Tier zurückbildet. Jede Milke besteht aus einem runden (die Nuss) und einem länglichen Teil. Dieser kann an der Nuss gelassen oder abgetrennt zum Beispiel als Garnitur für Blätterteigpastetchen verwendet oder gewürfelt unter eine Gemüsebeilage gemischt werden.

Zu Milken nach Grossmutterart trinkt Maigret einen Château Poujeaux (Moulis en Médoc).

Sie taten sich mit Hochgenuss an ihren Kalbsmilken gütlich, fuhren mit winzigen Koteletts fort und beendeten die Mahlzeit mit Erdbeertorte. *Maigret und die verrückte Witwe*

Ris de veau à la belge

Kalbsmilken nach belgischer Art

Für 4 Personen
2 Kalbsmilkennüsse
kleine Gemüse nach Wahl (Erbsen, Brokkoli, Spargelspitzen, in hübsche Form geschnittene Karotten und weisse Rübchen, Artischockenböden)
1 Esslöffel Mehl
40 g Butter
3 Schalotten, fein gehackt
etwas Schnittlauch und Estragon, fein geschnitten
Salz, Pfeffer

Die Kalbsmilken, wie Seite 137 beschrieben, wässern und parieren.

Die Gemüse getrennt garen.

Die Milken in ziemlich dicke Scheiben schneiden, salzen und pfeffern und im Mehl wenden. In einer Pfanne wenig Butter schmelzen. Die Milkenscheiben in die schäumende Butter legen und sanft braten. Wenn sie gar sind, nochmals eine grosse Flocke Butter und die feingehackten Schalotten dazugeben.

Die Kalbsmilkenscheiben auf einer vorgewärmten Platte anrichten. Mit Schnittlauch und Estragon bestreuen und mit schäumender Butter übergiessen. Mit dem Gemüse umlegen und servieren.

Courtine empfiehlt: In Belgien werden die Kalbsmilken während der entsprechenden Saison mit Hopfenschösslingen garniert.

Zu Kalbsmilken nach belgischer Art trinkt Maigret einen weissen Moselle.

Träumerisch verzehrte er seine Kalbsleber in der Hülle . . .

Maigret und der Clochard

– *«Werden Sie Makrelen nehmen?»*
– *«Und Kalbsleber in der Hülle . . . »*
Es war vor allem die Kalbsleber, die ihn lockte, zusammen mit der Atmosphäre der Brasserie, welche er seit Wochen nicht besucht hatte.

Maigret gerät in Wut

Foie de veau en papillotes

Kalbsleber in der Hülle

Für 2 Personen
2 Scheiben Kalbsleber
Olivenöl
1 Lorbeerblatt
100 g frisches Paniermehl
3 Esslöffel feingehackte Kräuter
1 Champignon, fein gehackt
2 dünne, fette Speckscheiben
Salz, Pfeffer, Muskatnuss

Die Kalbsleberscheiben in Olivenöl mit Salz, Pfeffer, Muskatnuss und dem Lorbeerblatt marinieren.

Das Paniermehl, die Kräuter und den gehackten Champignon gründlich vermengen, salzen und pfeffern. Die Kalbsleberscheiben aus der Marinade heben und mit einer dünnen Schicht der Paniermehlmischung bedecken, mit einer Speckscheibe umwickeln und in ein gebuttertes Pergamentpapier hüllen, die Enden gut zusammendrehen. Unter dem heissen Grill auf jeder Seite 5 Minuten garen.

Courtine empfiehlt: Die Kalbsleber muss glatt, hellfarben und feinkörnig sein.

Zu Kalbsleber in der Hülle trinkt Maigret einen Châteauneuf-du-Pape.

FLEISCH

Was für ein Sonntag! In der Küche mit ihrer tiefen Decke und den bläulichen Fliesen schmorte ein Ragout, und der Duft der Sankt-Johannis-Kräuter verbreitete sich im Haus . . .

Maigret lässt sich Zeit

Ragoût de bœuf au paprika et au chou rouge

Rindsragout mit Paprika und Rotkohl

Für 4 Personen
1 kg Rindsnuss, in schöne Stücke geschnitten
30 g Butter
100 g Rückenspeck, gewürfelt
500 g Zwiebeln, grob gehackt
1 Rotkohl, in feine Streifen geschnitten
100 g Butter
2 Esslöffel Mehl
200 ml Rotwein
125 g dicke Crème fraîche
Salz, Pfeffer, Paprikapulver

Die Butter und die Speckwürfel in einem Schmortopf zerlassen. Eine Schicht Fleischstücke hineingeben. Salzen, mit der Hälfte der Zwiebeln bedecken und mit 1 Kaffeelöffel Paprika bestreuen. Eine zweite Fleischschicht, den Rest der Zwiebeln, Salz und nochmals 1 Kaffeelöffel Paprika darübergeben. Mit 200 ml heissem Wasser begiessen. Zum Kochen bringen und 2¾ Stunden sanft köcheln lassen.

Den Rotkohl mit der Butter in einen zweiten Schmortopf geben, mit Salz und Pfeffer würzen und ½ Stunde sanft köcheln lassen. Mit dem Mehl bestreuen und mit dem Rotwein ablöschen. Sanft weiterköcheln, bis der Wein verdunstet ist (ungefähr 2 Stunden).

Die Crème fraîche über das Ragout giessen. Kurz aufkochen und zusammen mit dem Rotkohl servieren.

Courtine empfiehlt: Zu Rindsragout mit Paprika trinkt Maigret einen Costières du Gard (neu als Costières de Nîmes im Handel).

Der Duft, der aus der Küche kam, war genau jener des Siedfleischs mit Zwiebeln von dort oben.

Maigret und die Keller des «Majestic»

Bœuf miroton

Siedfleisch mit Zwiebelsauce

Für 4 Personen
500 g Siedfleisch, in dünne Scheiben geschnitten
8 grosse Zwiebeln, in feine Streifen geschnitten
60 g Schweinefett
1 Esslöffel Mehl
2 Esslöffel Essig
500 ml Rindsbouillon
1 Esslöffel Tomatenpüree
2 Knoblauchzehen, ganz
1 Bund Petersilie, gehackt
Paniermehl
etwas Butter, zerlassen
Salz, frisch gemahlener Pfeffer

Die Zwiebeln 1 Minute blanchieren, abtropfen lassen und trockentupfen. Das Schweinefett in einem Schmortopf zerlassen, und die Zwiebeln darin unter ständigem Rühren Farbe annehmen lassen. Mit dem Mehl bestreuen, und dieses ständig weiterrührend bräunen. Die Mehlschwitze mit dem Essig ablöschen und abkühlen lassen. Die Rindsbouillon stark erhitzen, über die Mehlschwitze giessen und gründlich rühren, damit keine Klümpchen entstehen. Das Tomatenpüree, die Knoblauchzehen und Pfeffer dazugeben und 20 Minuten köcheln lassen. Die Siedfleischscheiben in einer ofenfesten Form auslegen.

Die Sauce vom Feuer nehmen. Den Knoblauch, wenn möglich, entfernen. Abschmecken, über die Siedfleischscheiben giessen und kurz aufkochen. Mit der gehackten Petersilie und etwas Paniermehl bestreuen, mit der zerlassenen Butter begiessen und im heissen Ofen etwa 15 Minuten gratinieren.

Courtine empfiehlt: Zu Siedfleisch mit Zwiebelsauce trinkt Maigret einen Moulin-à-Vent.

Madame Pardon hatte einen Burgunder Rindsbraten gemacht, wie nur sie ihn zustande brachte, und diese ebenso währschafte wie raffinierte Zubereitung war auch das Gesprächsthema. Dann hatte man sich über die ländliche Küche unterhalten, über Bohneneintopf, Lothringer Eintopf, Caener Kutteln und Bouillabaisse.
– «Im Grunde genommen hat man bei all diesen Rezepten aus der Not eine Tugend gemacht . . . Wenn es im Mittelalter Kühlschränke gegeben hätte . . .» *Maigret und der Messerstecher*

Bœuf bourguignon

Burgunder Rindsbraten

Für 4 Personen
800 g Rindshals, in schöne Stücke geschnitten

Marinade:
1 Flasche Rotwein (vorzugsweise Burgunder)
12 kleine Lauchstangen, geputzt und in Streifen geschnitten
2 Karotten, in Rädchen geschnitten
2 grosse Zwiebeln, grob gehackt
1 Selleriestange, gewürfelt
3 Knoblauchzehen, gepresst
1 Kräuterbündel

50 g Schweinefett
1 Esslöffel Mehl
150 g gesalzener Bruststpeck, am Stück
20 kleine Frühlingszwiebeln
1 Kaffeelöffel Burgunder Marc
2 Stengel Petersilie, fein geschnitten
Salz, Pfeffer

Alle Zutaten zur Marinade in einer Schüssel mischen, mit Salz und Pfeffer würzen und die Fleischwürfel 48 Stunden darin einlegen.

Das Fleisch aus der Marinade nehmen und abtropfen lassen. In einem Schmortopf das Schweinefett erhitzen, die Fleischwüfel beigeben und bei starker Hitze anbraten. Die Marinade durch ein Sieb giessen, die Marinadenflüssigkeit erhitzen, die Marinadenzutaten zum Fleisch geben, mit Mehl bestäuben und dieses unter Rühren gut anbräunen. Mit der heissen Marinade ablöschen und soviel heisses Wasser dazugeben, dass das Fleisch bedeckt ist. Den Speck kurz blanchieren, dann zum Fleisch geben. Zudecken und 3½ Stunden sanft köcheln lassen.

Das Kräuterbündel entfernen. Die Frühlingszwiebeln kurz blanchieren, am Ende der Garzeit zum Fleisch geben und 15 Minuten mitköcheln lassen.

Den Schmortopf vom Feuer nehmen, mit dem Marc abschmecken und mit der Petersilie bestreut servieren.

Courtine empfiehlt: Eventuell kleine Feldchampignons zusammen mit den Zwiebeln beigeben. Ein Selleriepüree passt gut als Beilage.

Zu Burgunder Rindsbraten trinkt Maigret den gleichen Wein, der auch zum Kochen verwendet wurde. Ein Santenay würde sich bestens eignen.

Man brachte einen flandrischen Eintopf, das Nationalgericht. Das Fleisch schwamm in Litern von Sauce . . .

Maigret und das Verbrechen in Holland

Hochepot à la gantoise

Genter Eintopf

Für 4 Personen
1 Schweinsfuss, geviertelt
1 Schweinsohr, in Würfel geschnitten
1 Ochsenschwanz, in Stücke geschnitten
400 g Kalbsbrust, in grosse Würfel geschnitten
Gemüse nach Wahl, in grobe Stücke geschnitten
1 Zwiebel, mit einer Gewürznelke besteckt
1 Kräuterbündel
1 Grünkohl, in Viertel geschnitten
500 g Kartoffeln, geschält
Salz, Pfeffer
Kapern, Cornichons, Essigzwiebeln

Schweinsfuss, Schweinsohr, Ochsenschwanz und die Kalbsbrustwürfel zusammen mit den Gemüsen Ihrer Wahl, der besteckten Zwiebel und dem Kräuterbündel in einen Schmortopf geben, salzen, pfeffern und mit 2 l Wasser bedecken. Aufkochen, den Grünkohl dazugeben und 45 Minuten garen. Die Kartoffeln beifügen und noch 30 Minuten kochen. Mit Kapern, Cornichons und Essigzwiebeln servieren.

Courtine empfiehlt: Zu diesem Eintopf trinkt Maigret einen Pomerol.

– *«Was machst Du zum Mittagessen?»*
– *«Ich hab einen Braten mit Sellerieknollen und Püree.»*
Der Sonntagsbraten seiner Kindheit! Damals liebte er ihn gut durchgekocht . . . *Maigret und der Weinhändler*

Bœuf rôti à la bordelaise

Bordeleser Rindsbraten

Für 4 Personen
1 kg Rindsnierstück
2 Zwiebeln, in Scheiben geschnitten
3 Schalotten, gehackt
einige Stengel Petersilie, einige Zweige Thymian,
1 Lorbeerblatt
250 ml Weisswein
50 ml Olivenöl
20 g Schweinefett
4 Selleriestangen, geputzt, in 5 cm lange Stücke geschnitten
Butter
Salz, Pfeffer

Das Rindsnierstück in ein tiefes Gefäss legen. Salzen und pfeffern. Die Zwiebeln, die Schalotten und die Würzkräuter beigeben, den Weisswein und das Olivenöl darübergiessen und über Nacht kühl stellen.

Das Fleisch aus der Marinade heben, die Marinade durch ein Sieb passieren. In einem Bratgeschirr das Schweinefett zerlassen, die Marinadenzutaten beigeben, das Rindsnierstück darauflegen und mit etwas Marinade begiessen. Ungefähr 45 Minuten bei mittlerer Hitze im Ofen garen, dabei immer wieder mit der Sauce begiessen. Den Braten auf einer vorgewärmten Platte anrichten, leicht salzen. Die Sauce passieren und wenn nötig noch einkochen. Etwas über den Braten giessen, den Rest der Sauce in einer Sauciere dazu reichen.

Den Sellerie in etwas Butter gar dünsten, mit Salz und Pfeffer würzen. Um den Braten anrichten und mit etwas Sauce beträufeln.

Courtine empfiehlt: Zum Bordeleser Rindsbraten trinkt Maigret einen roten Graves, einen Domaine de Chevalier.

– *«Es hätte Jakobsmuscheln, was meinst Du dazu?»*
– *«Einverstanden.»*
– *«Dann braisierte Rindskotelettes . . .»*
– *«Gemacht!»* *Maigret und der Spitzel*

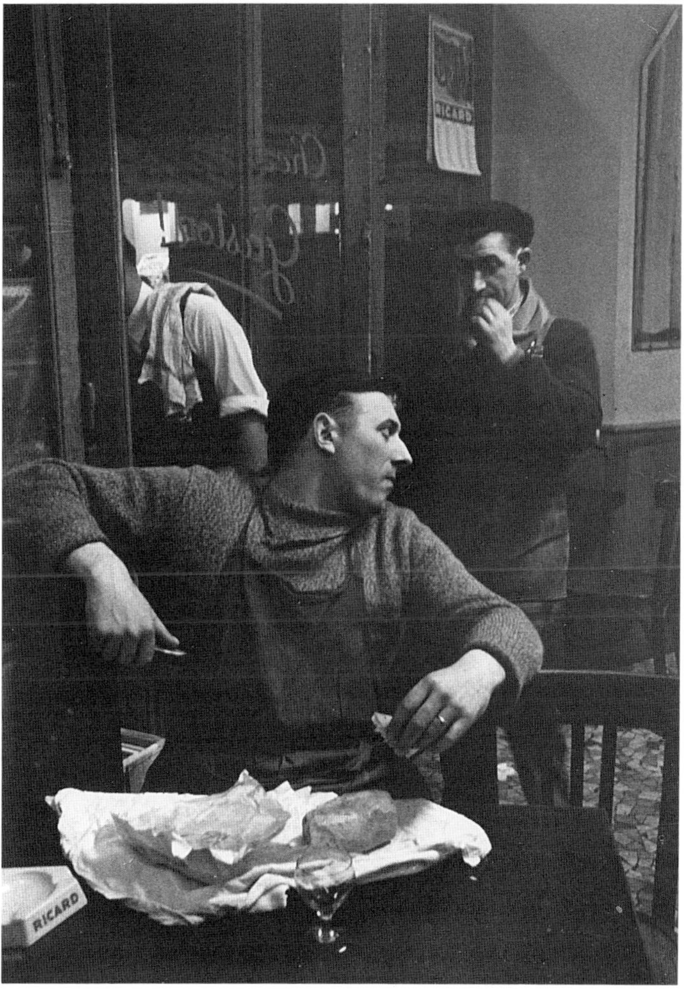
RICARD
RICARD

Côte de bœuf braisée

Braisierte Rindsrippe

Für 6 Personen
1 Rindsrippe von 2½–3 kg, das Fett gründlich entfernt
150 g Spickspeck in Streifen
etwas Petersilie, gehackt
Cognac
1 Flasche Rotwein
2 Zwiebeln, mit Gewürznelken besteckt
2 Karotten, in Scheiben geschnitten
1 Kräuterbündel
50 g Schweinefett
1 kg Rindsknochen, im Ofen geröstet
Salz, Pfeffer

Ungefähr 10 Spickspeckstreifen pfeffern, mit der gehackten Petersilie bestreuen und eine Stunde in etwas Cognac einlegen.

Den Rotwein, die besteckten Zwiebeln, die Karotten und das Kräuterbündel zu einer Marinade mischen und das Rindsrippenstück 4 Stunden darin einlegen. Herausheben, abtropfen lassen und trockentupfen.

Das Schweinefett in einer Schmorpfanne zerlassen und das Rippenstück auf beiden Seiten anbraten, bis es Farbe annimmt. Die Marinadengemüse und die Rindsknochen dazugeben. Salzen und pfeffern. Mit der Marinade und, wenn nötig, etwas Bouillon ablöschen. Zudecken und bei sehr sanfter Hitze (150 °C) 4 Stunden im Ofen garen. Das Fleisch herausnehmen und auf eine vorgewärmte Platte legen. Die Sauce durchpassieren, entfetten und wenn nötig etwas einkochen. Nochmals abschmecken und in einer Sauciere zu dem in Scheiben aufgeschnittenen Fleisch servieren.

Courtine empfiehlt: Ein schönes Fleisch wählen, von Tieren aus dem Charolais oder dem Limousin, fettdurchwachsen, von dunklem Rot und glänzend.

Man kann dazu Pommes frites oder noch besser Pommes soufflés (blanchierte und dann fritierte Kartoffelscheiben) servieren.

Zur braisierten Rindsrippe trinkt Maigret einen Cornas aus der Ardèche.

– *«Angelino! Bring diesen Herren Florentiner Schnitzel. Sag Giovanni, er solle sie auf dieselbe Art machen wie für mich. Sie mögen Florentiner Schnitzel, Kommissar?»*

Maigret, Lognon und die Gangster

Escalopes à la florentine

Schnitzel Florentiner Art

Für 4 Personen
800 g Kalbsnuss, in kleine Schnitzel geschnitten
1 kg Spinat, geputzt, gewaschen
Mehl
3 Esslöffel Olivenöl
200 ml Kalbsbouillon
1 unbehandelte Zitrone, in dünne Scheiben geschnitten
60 g Butter
Salz, Pfeffer

Zunächst den Spinat 10 Minuten in einem grossen, unbedeckten Topf in etwas Salzwasser zusammenfallen lassen. Abtropfen lassen, unter kaltem Wasser spülen, dann kräftig ausdrücken.

Die Schnitzel salzen, pfeffern und im Mehl wenden. Das Olivenöl in einer Sauteuse erhitzen und die

Schnitzel auf beiden Seiten je 2 Minuten bei mittlerer Hitze anbraten. Auf einer vorgewärmten Platte warm stellen.

Den grössten Teil des Öls abgiessen, die Kalbsbouillon in die Sauteuse geben, aufkochen und den Bratensatz unter kräftigem Rühren gründlich lösen. Die Schnitzel wieder in die Pfanne geben und 6 Zitronenscheiben drauflegen. Zudecken und 15 Minuten köcheln lassen. Die Schnitzel erneut aus der Pfanne nehmen und warm stellen. Die Sauce unter ständigem Rühren einkochen und dabei die Zitronenscheiben ausdrücken. Durch ein Sieb passieren.

Die Butter erhitzen und den ausgedrückten Spinat darin wenden, salzen und pfeffern. Die Sauce beigeben und gründlich mischen.

Den Spinat auf einer warmen Platte anrichten, die Schnitzel drauflegen und servieren.

Courtine empfiehlt: Manchmal bestreut Madame Maigret dieses Gericht noch mit feingeraspeltem Parmesan und gratiniert es kurz im Ofen.

Zu Florentiner Schnitzel trinkt Maigret einen Chianti oder einen Valpolicella.

– *«Hier gibt's nicht Dutzende Gerichte. Man nimmt die Tagesspezialität . . . Heute ist es Frikandeau mit Sauerampfer . . .»*

– *Eines meiner Lieblingsgerichte . . .»* *Neue Fälle für Maigret*

Bis hin zu den Küchengerüchen, die wechselten, heute war es der Duft von Frikandeau mit Sauerampfer . . . Sie wussten beide noch nicht, was sie am heutigen Dienstag machen würden, ausser dass sie sich zu Hause das Frikandeau einverleiben und anschliessend zweifellos auf Abenteuer ausgehen würden. *Maigret amüsiert sich*

Sie hatte ihm Frikandeau mit Sauerampfer gemacht, eine seiner Lieblingsspeisen. *Maigret und die verrückte Witwe*

– «Endlich! . . . Da bist Du, Maigret . . . Ich fing schon an, mir Fragen zu stellen . . . Ich habe das Frikandeau gemacht, wie Du es am Telefon verlangt hast . . .» *Maigret contra Pipcus*

Fricandeau à l'oseille

Frikandeau mit Sauerampfer

Für 6 Personen
1 gerollter Kalbsbraten von etwa 1½ kg, von der Keule
Olivenöl
Speckschwarte zum Auslegen des Schmortopfs
½ Kalbsfuss
2 Karotten, in Rädchen geschnitten
1 Zwiebel, mit einer Gewürznelke besteckt
500 ml Weisswein
500 ml Kalbsbouillon
500 g Spinat, geputzt und gründlich gewaschen
1 kg Sauerampfer, gründlich gewaschen
125 g Crème fraîche
Salz, Pfeffer

Den gerollten Kalbsbraten in einem Schmortopf im heissen Olivenöl auf allen Seiten gleichmässig anbraten. Herausnehmen.

Den Schmortopf mit Speckschwarte auslegen, den Braten zusammen mit dem halben Kalbsfuss, den Karottenrädchen und der besteckten Zwiebel wieder hineingeben. Wein und Bouillon dazugiessen, leicht salzen und zum Kochen bringen. 40 Minuten stark kochen, dann 1 Stunde sanft weiterköcheln lassen. Am Schluss der Garzeit ziemlich kräftig pfeffern. Die Sauce muss sehr konzentriert und geleeartig sein. Den Spinat in kräftig sprudelndem Salzwasser 10 Minuten zusammenfallen, dann abtropfen lassen.

1 Esslöffel Olivenöl in einer Pfanne warm werden lassen. Den gut abgetropften Sauerampfer dazugeben und im eigenen Saft unter häufigem Rühren dünsten, bis die Flüssigkeit, die er absetzt, verdunstet ist. Leicht salzen. Mit dem Spinat vermischen, die Crème fraîche darunterrühren und warm stellen.

Den gerollten Kalbsbraten auf einer vorgewärmten Platte anrichten. Die Sauce durch ein Sieb passieren und entfetten. Über das Fleisch giessen. Das Sauerampferpüree getrennt dazu reichen.

Courtine empfiehlt: Man kann den Spinat auch weglassen, das Gericht ist dann aber weniger apart.

Zu Frikandeau mit Sauerampfer trinkt Maigret einen Bordeaux Côte de Fronsac.

Auf einer Schiefertafel stand, mit Kreide geschrieben:
Rillettes aus Morvan
Kalbskeule mit Linsen
Käse
Hausgemachte Torte ...
Maigret brummte nur:
– «Mögen Sie Kalbskeule?»
– «Ich habe alle ländlichen Gerichte gern. Ich bin ein Bauernsohn, und mein Bruder führt den Familienhof.»

Maigret lässt sich Zeit

Rouelle de veau aux lentilles

Kalbskeule mit Linsen

Für 6 Personen
1 Kalbskeule von 1½ kg
500 g Linsen, verlesen, gründlich gewaschen
1 Kräuterbündel (Thymian, Petersilie, Lorbeer, Sellerie)
2 Zwiebeln, mit Gewürznelken besteckt
1 Knoblauchzehe
50 g Schweinefett
1 Karotte, in Rädchen geschnitten
3 Schalotten, in Scheiben geschnitten
500 ml Kalbsbouillon
Salz, Pfeffer, Butter

Die Linsen 2 Stunden in Wasser einweichen. Abgiessen und abtropfen lassen. In 3 l frisches kaltes Wasser geben und, auf sehr kleinem Feuer beginnend, langsam zum Kochen bringen, so dass sie frühestens nach einer halben Stunde zum Kochen kommen. Abschäumen. Das Kräuterbündel, die Zwiebeln und die Knoblauchzehe dazugeben und eine weitere halbe

VACHE QUI RIT

Stunde sanft köcheln lassen. Dann abgiessen und abtropfen lassen.

In einem Schmortopf das Schweinefett zerlassen und die Kalbskeule auf beiden Seiten goldbraun anbraten. Die Karotten und Schalotten um das Fleisch legen, salzen und pfeffern. Die Bouillon darübergiessen und eine Stunde sanft köcheln lassen. Am Ende der Garzeit die Linsen hinzugeben, mit Salz abschmecken und noch ungefähr 15 Minuten mitköcheln lassen. Ein herzhaftes Stück Butter unter die Linsen ziehen und servieren.

Courtine empfiehlt: Selbstverständlich sind Linsen aus Puy zu verwenden, und zwar solche vom selben Jahr.

Zu Kalbskeule mit Linsen trinkt Maigret einen Châteaugay (Côtes d'Auvergne).

– «Darf ich Ihnen einen kleinen Bourgueil bringen? Er passt wunderbar zum Ragout . . .» Das Ragout war cremig, die Sauce goldgelb, stark parfümiert. *Maigret und der Weinhändler*

Man tischte ein Kalbsragout auf, wie es auch Madame Maigret nicht hätte cremiger machen können . . .

Maigret erlebt eine Niederlage

– «Wir haben weisses Kalbsragout», verkündete der Patron. «Geht das?»

– «Perfekt.» *Maigret und sein Jugendfreund*

Blanquette de veau

Kalbsragout

Für 4 Personen
1 kg Kalbfleisch (Brustknorpel, Rippenstück und Schulter in gleichen Mengen), in grosse Würfel geschnitten
1 Zwiebel, mit Gewürznelken besteckt
2 Karotten, in Rädchen geschnitten
200 ml trockener Weisswein
1 Kräuterbündel
60 g Butter
30 g Mehl
2 Eigelb
100 g Crème fraîche
1 Zitrone, Saft
einige Stengel Petersilie, fein geschnitten
Weissbrotwürfel, in Butter geröstet
Salz, Pfeffer

Das Fleisch 30 Minuten in lauwarmem Wasser wässern. Abtropfen lassen. In einen Schmortopf geben, vollständig mit kaltem Wasser bedecken, eine Messerspitze Salz beifügen und zum Kochen bringen. Abschäumen. Die Zwiebel, die Karotten, den Weisswein und das Kräuterbündel dazugeben und 45 Minuten köcheln lassen. Das Fleisch aus dem Sud heben und abtropfen lassen. Den Sud durch ein Sieb passieren.

In einem Topf die Butter schmelzen und das Mehl darin anschwitzen, mit dem durchpassierten Sud ablöschen und bei sanfter Hitze mit einem Holzlöffel rühren, damit sich keine Klösschen bilden. Mit Pfeffer würzen. Das Fleisch dazugeben und 30 Minuten köcheln lassen, die Sauce sollte dabei auf die Hälfte einkochen.

Die Eigelbe mit einer Gabel unter die Crème fraîche schlagen, den Zitronensaft dazugiessen. Das Fleisch vom Feuer nehmen und die Crème-fraîche-Mischung nach und nach hineinrühren. Zurück aufs Feuer stellen, aber nicht mehr kochen lassen. Nochmals abschmekken. Mit der Petersilie bestreuen und mit den gerösteten Weissbrotwürfeln garnieren.

Courtine empfiehlt: Ein Minzenblatt im Kräuterbündel gibt dem Gericht eine interessante Note. Als Beilage amerikanischer Langkornreis nach Kreolenart.

Zum Kalbsragout trinkt Maigret einen Château Magence (weisser Graves) oder neuen Bourgueil.

Der Hauptgang des Mittagessens bestand aus einer farcierten Schafsschulter. Maigret konnte sich nicht erinnern, jemals eine so gute gegessen zu haben . . . *Maigret hat Angst*

Sie hatten die Pardon kurz nach 11 Uhr verlassen, nach ihrem monatlichen Abendessen, welches dieses Mal aus einer gefüllten Schafsschulter bestanden hatte.

Maigret und der Fall Nahour

Epaule de mouton farcie bonne femme

Gefüllte Schafsschulter nach Hausfrauenart

Für 4 Personen
1 Schafsschulter von etwa 1¼ kg,
vom Metzger entbeint und pariert
3 Zwiebeln, gehackt
etwas Butter
50 g altbackenes Weissbrot ohne Rinde,

in wenig Geflügel- oder Rindsbouillon eingeweicht
1 Ei, verquirlt
2 Esslöffel feingehackte Petersilie
200 g Brät
2–3 Esslöffel Schweinefett
6 Karotten, geschält, geviertelt
500 g frische Bohnen, ausgehülst
30 g Butter
Salz, Pfeffer

Ein Drittel der Zwiebeln in etwas Butter dünsten, ohne Farbe annehmen zu lassen. Zusammen mit dem aufgeweichten, ausgedrückten Weissbrot, dem verquirlten Ei und der gehackten Petersilie gründlich mit dem Brät vermischen. Mit Salz und Pfeffer kräftig abschmecken.

Die Schafsschulter ausbreiten, die Füllung daraufstreichen, der Länge nach aufrollen und binden.

Den Boden eines Schmortopfs mit Schweinefett ausstreichen. Die Kalbsschulter hineinlegen, ebenfalls mit Schweinefett bestreichen und bei grosser Hitze auf allen Seiten gleichmässig goldbraun anbraten. Zudekken und im Ofen bei mittlerer Hitze (200 °C) 2 Stunden garen lassen, dabei drei- oder viermal wenden.

Die Karotten in kochendem ungesalzenem Wasser 15 Minuten garen, die ausgehülsten Bohnen dazugeben und nochmals 15 Minuten garen. Abgiessen und abtropfen lassen. Die Butter erhitzen und die restlichen gehackten Zwiebeln darin bräunen.

Die Karotten und Bohnen rund um die Schafsschulter in den Schmortopf füllen, die Zwiebeln darübergeben. Zudecken und ½ Stunde garen. Von Zeit zu Zeit das Fleisch mit etwas von der Schmorflüssigkeit begiessen. Nochmals abschmecken und servieren.

Courtine empfiehlt: Die Schafsschulter kreuzweise und sehr straff schnüren, denn sie neigt beim Kochen zum Schrumpfen.

Zu gefüllter Schafsschulter trinkt Maigret einen Cahors.

– «Bist Du's, Madame Maigret», stichelte er scherzhaft, als er sie am anderen Ende des Drahts hatte. «Zum Mittagessen werde ich nicht nach Hause kommen. Was hat Du gemacht?»
– «Hammelragout.»
Darauf zu verzichten, fiel ihm nicht schwer, es war ihm sowieso zu schwer für einen Tag wie diesen.

Maigret und die kopflose Leiche

Haricot de mouton

Hammelragout

Für 4 Personen
1 kg Hammelbrust, in gleichmässige Würfel geschnitten
150 g Bruststpeck, in Streifchen geschnitten
Schweinefett
1 Esslöffel Mehl
200 ml Weisswein
Geflügelbouillon
1 Kräuterbündel
600 g neue weisse Rübchen, geputzt
Salz, Pfeffer

Den Speck in etwas Schweinefett knusprig braten. Die Fleischstücke beigeben und auf allen Seiten goldgelb braten. Das Fett abgiessen. Das Fleisch mit Mehl bestäuben, unter Rühren etwas bräunen, dann mit dem

Weisswein und soviel Bouillon ablöschen, dass das Fleisch damit bedeckt ist. Das Kräuterbündel beigeben und 1 Stunde brodelnd kochen.

Dann die Fleischstücke und die Speckstreifen herausnehmen, das Kräuterbündel wegwerfen. Die Flüssigkeit passieren und entfetten.

Sauce und Fleisch in den sauberen Schmortopf zurückgeben. Nochmals aufkochen und abschmecken. Die weissen Rübchen beigeben. Zugedeckt bei mittlerer Hitze 1 Stunde im Ofen fertiggaren.

Courtine empfiehlt: Der französische Name dieses Gerichts ist insofern irreführend, als es keine Bohnen (haricots) enthält, sondern sich auf den altfranzösischen Ausdruck «halicoter» bezieht, was soviel wie «in dünne Scheiben schneiden» heisst. Im übrigen ist diese Zubereitung älter als die Entdeckung Amerikas, von wo die Bohnen zu uns kamen.

Zu Hammelragout trinkt Maigret einen Chinon.

Der Saal des Restaurants wirkt altmodisch. Der Tagesteller ist angeschlagen: Schafsragout mit Frühlingsgemüsen.

Maigret und das Dienstmädchen

Navarin printanier

Schafsragout mit Frühlingsgemüsen

Für 4 Personen
1 kg Schafsschulter ohne Knochen, in Würfel geschnitten
60 g Schweinefett
1 Messerspitze Zucker
1–2 Esslöffel Mehl
1½ l Bouillon (eventuell aus Bouillonwürfeln hergestellt)
4 schöne, reife Tomaten
1 Knoblauchzehe, gepresst
1 Kräuterbündel
250 g neue weisse Rübchen, geputzt,
in hübsche Form geschnitten (tourniert)
250 g Karotten, geputzt, in hübsche Form geschnitten
(tourniert)
400 g kleine neue Kartoffeln, gut gebürstet
20 kleine Frühlingszwiebeln, geputzt
500 g Erbsen
150 g grüne Bohnen, geputzt, schräg in Stücke geschnitten
Salz, Pfeffer

Das Fleisch salzen und pfeffern. In einem Schmortopf das Schweinefett erhitzen. Wenn es rauchheiss ist, das Fleisch hineingeben, mit dem Zucker bestreuen und bei grosser Hitze unter Wenden auf allen Seiten goldgelb anbraten. Drei Viertel des Fetts abgiessen. Das Fleisch mit Mehl bestäuben und unter Rühren bräunen, dabei den Bratensatz gründlich lösen. Mit der Bouillon ablöschen und unter Rühren aufkochen. Salzen und pfeffern. Die Tomaten, den durchgepressten Knoblauch und das Kräuterbündel beifügen. Zugedeckt auf kleinem Feuer 1¼ Stunden köcheln lassen.

Das Kräuterbündel entfernen. Die Fleischwürfel herausheben. Den Sud durch ein Sieb passieren, entfetten und zusammen mit dem Fleisch zurück in den sauberen Topf geben. Auf kleinem Feuer erneut zum Köcheln bringen. Die weissen Rübchen und Karotten kurz in etwas heissem Schweinefett wenden, dann zum Fleisch geben und 20 Minuten mitgaren. Die Kartoffeln, Frühlingszwiebeln, Erbsen und Bohnen hinzufügen, darauf achten, dass sie mit Sauce bedeckt sind. Nochmals abschmecken und 25 Minuten weiterkochen. Wenn nötig vor dem Servieren nochmals entfetten.

Courtine empfiehlt: Zum Entfetten den Topf schräg stellen und das Fett, das sich nach kurzer Zeit auf der Saucenoberfläche sammelt, mit einer Schöpfkelle vorsichtig abschöpfen.

Die weissen Rübchen und die Karotten nicht waschen, sondern nur gründlich abbürsten, damit sie im Schweineschmalz Farbe annehmen.

Zu Schafsragout mit Frühlingsgemüsen trinkt Maigret einen Pomerol.

Die Keule war auf den Punkt gegart, und die Bohnen zergingen im Mund. Der Doktor hatte eine alte Flasche hervorgeholt. *Maigret und die schrecklichen Kinder*

Gigot à la bretonne

Hammelkeule nach bretonischer Art

Für 6 Personen
1 Hammelkeule von etwa 2½ kg
750 g neue weisse Bohnen, geputzt
1 Zwiebel, mit Gewürznelken besteckt
2 Knoblauchzehen, gepresst
1 Kräuterbündel
1 Knoblauchzehe, ganz
Schweinefett
1 Zwiebel, gehackt
250 ml Weisswein
4 Esslöffel Tomatenpüree
einige Stengel Petersilie, fein geschnitten
Salz, Pfeffer

Die weissen Bohnen mit 2 l kaltem Wasser in einen Topf geben und sehr langsam zum Kochen bringen. Sobald sie kochen, vom Feuer ziehen und 1 Stunde ziehen lassen. Abgiessen und abtropfen lassen. Zurück in den gereinigten Topf geben, 2 l kochendes Wasser darübergiessen, die besteckte Zwiebel und das Kräuterbündel beifügen und 1½ Stunden köcheln lassen.

Die Keule mit einer Knoblauchzehe und dann mit Schweinefett einreiben. Rundherum anbraten und von Zeit zu Zeit mit dem Bratfett begiessen. Bei 200 °C eine gute Stunde im Ofen garen (man rechnet fürs erste Pfund 15 Minuten und für jedes weitere 12 Minuten Garzeit).

Die gehackte Zwiebel in etwas Schweinefett dünsten. Mit dem Weisswein ablöschen, das Tomatenpüree beigeben, salzen und pfeffern. Etwa 10 Minuten köcheln lassen.

Die Bohnen abgiessen, abtropfen und anrichten. Mit der Sauce übergiessen und die Petersilie darüberstreuen. Die auf den Punkt gegarte Keule anrichten, den Bratenjus getrennt dazu reichen.

Courtine empfiehlt: Zur Hammelkeule nach bretonischer Art trinkt Maigret einen Rotwein von der Ile de Ré.

Und Maigret betrachtete das rosa Fleisch der Keule, den Rest des parfümierten Salats. Es sah wirklich appetitlich aus ... Er war hungrig und hatte die köstliche Keule unter der Nase. Zwei Abschnitte waren noch auf der Platte. Er nahm eines mit den Fingern und ass es, weitersprechend, als gehörte auch er zum Haus.

Maigret in der Liberty Bar

Gigot d'agneau en gelée

Lammkeule in Gelee

Für 6 Personen
1 Lammkeule von 2 kg, pariert
1 Knolle frischer Knoblauch, fein gehackt
Olivenöl
gesalzene Butter
1 Päckchen Sulzpulver

Die Keule mit einem Nudelholz weich klopfen, mit Olivenöl bepinseln und mit einer dünnen Schicht gesalzener Butter überziehen. Eine ofenfeste Form mit einer dünnen Schicht gehacktem Knoblauch ausstreuen, die Keule darauflegen und im vorgeheizten Ofen bei 200 °C 1 Stunde garen. Das Sulzpulver nach Anweisung auflösen. Wenn sie gar ist, die Keule aus dem Ofen nehmen, in ein tiefes Gefäss geben und mit der Sülze bedecken. Für 12 Stunden in den Kühlschrank stellen. Aus der Form stürzen und mit einem Kopfsalat servieren.

Courtine empfiehlt: Zur Lammkeule in Gelee trinkt Maigret einen jungen Fleurie.

– *«Was gibt's zum Essen?»*
– *«Das aufgewärmte Mittagessen . . .»*
– *«Und was war das?»*
– *«Cassoulet . . .»*

Maigret zögert

Cassoulet

Bohneneintopf

Für 4 Personen
1 kg weisse Perlbohnenkerne
1 Karotte, geputzt, klein geschnitten
1 Zwiebel, gehackt
1 Knoblauchzehe, gehackt
Gänseschmalz
1 Kräuterbündel
2 eingelegte Gänsekeulen, das Fett entfernt
600 g Lammrippenstück
350 g frische Toulouser Wurst (grobe Schweinswurst)

Die Bohnenkerne über Nacht einweichen. Dann in kaltes ungesalzenes Wasser geben, aufkochen und abschäumen.

Die kleingeschnittene Karotte, Zwiebel und Knoblauchzehe in etwas Gänsefett andünsten, zusammen mit dem Kräuterbündel zu den Bohnen geben und ½ Stunde sanft köcheln lassen. Dann das Kräuterbündel entfernen. Die Gänsekeulen zusammen mit dem

HÔTEL DU MIDI
Chez Raymond
BYRRH
RICARD
PERNOD 45

Lammfleisch und der Wurst andünsten. Zu den Bohnen geben und mitkochen.

Wenn die Bohnenkerne zu zerfallen beginnen, den Topf vom Feuer nehmen und alles in einen Tontopf schütten. Bei sanfter Hitze 1 Stunde im Ofen garen. Abkühlen lassen. Nach einigen Stunden oder am folgenden Tag die feste Schicht, die sich auf der Oberfläche bildet, zerteilen, gut untermischen, etwas Wasser beifügen und langsam aufwärmen.

Courtine empfiehlt: Manche fügen dem Cassoulet etwas Tomatensauce bei, doch dies ist eigentlich nicht nötig.

Zu Cassoulet trinkt Maigret einen Villaudric (Côtes du Frontonnais, nördlich von Toulouse).

– *«Kann man bei Ihnen auch essen?»*

– *«Natürlich kann man bei uns essen! Was möchten Sie gern? Frikandeau? Schweinsbraten mit Linsen?»*

Maigret und der hartnäckigste Kunde der Welt

Rôti de porc aux lentilles

Schweinsbraten mit Linsen

Für 6 Personen
1 Schweinsbraten von etwa 1,2 kg

Marinade:
2 grosse Zwiebeln, klein geschnitten
2 Karotten, klein gewürfelt
2 Schalotten, klein geschnitten
1 Kräuterbündel

(Thymian, Petersilie, Lorbeerblatt, 1 Selleriestengel)
Olivenöl
1 Flasche Rotwein
6 Pfefferkörner, 2 Gewürznelken

300 g Puy-Linsen
1 Kräuterbündel
1 Zwiebel, mit Gewürznelken besteckt
2 Karotten, in Rädchen geschnitten
Butter
etwas Petersilie, fein geschnitten
Salz, Pfeffer

Das Fleisch parieren, wenn nötig das Fett wegschneiden.

Für die Marinade die Zwiebeln, Karotten und Schalotten zusammen mit dem Kräuterbündel in etwas Olivenöl andünsten, mit dem Wein ablöschen, die Pfefferkörner und Gewürznelken beigeben und 10 Minuten köcheln, dann abkühlen lassen.

Das Fleisch für einige Stunden in die Marinade einlegen. Herausheben und abtropfen lassen. Im auf etwa 200 °C vorgeheizten Ofen mit der Fettseite nach oben auf den Grillrost legen mit einer Tropfschale darunter und 1¼ Stunden braten (pro 500 g 30 Minuten). Wenn der Braten goldbraun-knusprig ist, mit etwas lauwarmem Wasser begiessen. Als Garprobe mit einer Stricknadel tief ins Fleisch stechen, der austretende Saft muss ganz weiss sein.

Die Linsen zusammen mit dem Kräuterbündel, der besteckten Zwiebel und den Karottenrädchen in ganz leicht gesalzenem Wasser kochen. Abgiessen und abtropfen lassen, das Kräuterbündel entfernen, eventuell nochmals nachwürzen. Das Fleisch auf eine vorgewärmte Platte geben, den Bratenjus in eine Schüssel giessen, abkühlen lassen und gründlich entfetten. Den

Jus zu den Linsen geben, ein grosses Stück Butter darunterziehen und mit der Petersilie bestreuen. Zum Braten servieren.

Courtine empfiehlt: Man kann das Fleischstück nach Belieben wählen. Rücken und Filet sind eher trocken, ich empfehle Hals oder Maus (im Bereich des Kreuzbeins), den Knochen sollte man daranlassen. Der Braten lässt sich dann zwar weniger gut schneiden, aber das Fleisch ist schmackhafter. Auch das Schulterstück hat seine Liebhaber.

Zur Abwechslung können Sie die klassische Marinade durch die folgende ersetzen, welche Madame Maigret gelegentlich auch verwendet: 1 l Wasser und ½ l Weisswein mit 5 Salbeiblättern, 5 Knoblauchzehen und 5 schwarzen Pfefferkörnern aufkochen. Den Braten mit Meersalz einreiben und mit der kalten Marinade begiessen.

Zu Schweinsbraten mit Linsen trinkt Maigret einen Corent d'Auvergne.

– *«Suppe, Goldbutt und, wenn Sie wollen, ein Schweinskotelett mit Grünkohl . . .»*

Maigret im Haus des Richters

Côte de porc farcie à la purée de chou

Gefüllte Schweinskoteletts mit Kohlpüree

Für 2 Personen
2 dicke Schweinskoteletts aus dem Filetstück
4 Scheiben Salami, klein geschnitten
50 g Greyerzer Käse, in Scheiben geschnitten
1 Salbeiblatt und etwas Petersilie, gehackt
Schweinefett
1 Grünkohl, geputzt, in Blätter zerlegt und gewaschen
2 Kartoffeln (Bintje), gekocht, geschält
50 g Butter
Salz, Pfeffer

Mit einem scharfen, spitzen Messer in jedes Kotelett einen 3 cm breiten, bis zum Knochen reichenden Einschnitt machen. Die Messerspitze dem Knochen entlangführen, so dass sich eine Tasche ergibt.

Die kleingeschnittene Salami und den Greyerzer mit der gehackten Petersilie und dem Salbei vermischen, salzen und pfeffern und die Koteletts damit satt füllen. Die Koteletts im heissen Schweinefett auf beiden Seiten goldgelb braten, salzen und dann bei mittlerer Hitze zugedeckt 15 Minuten garen.

Den Grünkohl in siedendem Salzwasser blanchieren, dann kalt abspülen, in frischem siedendem Salzwasser weich schmoren. Zusammen mit den gekochten Kartoffeln im Mixer pürieren. Das Püree etwas durchtrocknen lassen, dann die frische Butter in Flocken unterziehen. Mit den Koteletts anrichten.

Courtine empfiehlt: Zu farcierten Schweinskoteletts mit Kohlpüree trinkt Maigret einen jungen Chiroubles.

Plötzlich gelüstete es ihn nach garniertem Sauerkraut in einer Brasserie in Montmartre oder Montparnasse, unter vier Augen, mit seinem Amerikaner. *Maigret verliert eine Verehrerin*

– «Wie wär's, wenn wir etwas essen würden?» schlug er vor. «In dieser Strasse gibt es eine Brasserie, und ich muss sagen, ein garniertes Sauerkraut ...» Er bestellte eine zweite Portion Sauerkraut mit einem Paar Frankfurter Würstchen und ein drittes Bier. *Neue Fälle für Maigret*

In solchen Stunden herrschte bei Maigret ein kurioses Nebeneinander von geniesserischem Wohlgefühl, sinnlichem Schwelgen und intensivem geistigem Tatendrang, auf den Gipfel getriebene innere Aktivität ...
Die zwei Männer hatten gratinierte Zwiebelsuppe gegessen, und der Kellner tischte ihnen ein üppiges garniertes Sauerkraut auf und brachte nochmals frisches Bier ...
Maigret contra Picpus

Choucroute à la parisienne

Sauerkraut nach Pariser Art

Für 6 Personen
2 kg Sauerkraut, gewaschen, ausgedrückt
dünne, fette Speckscheiben (Spickspeck)
zum Auslegen des Schmortopfs
Gewürznelken
5 Karotten, geputzt
2 Zwiebeln
1 Kräuterbündel
1 Knoblauchzehe
15 Wacholderbeeren

1 Eisbein
400 g magerer Brustspeck
400 g gepökeltes Schweinefleisch,
in kräftiger Bouillon gekocht
1 kleine Knoblauchwurst
150 g Schweinefett
200 ml Weisswein
750 g Kartoffeln
6 Strassburger Würste (feine Schweinswurst, Cervelat)
Salz, Pfeffer, Muskatnuss

Das Sauerkraut salzen, pfeffern und mit geriebener Muskatnuss würzen, gründlich vermischen. Die Speckscheiben mit Gewürznelken spicken und auf dem Boden eines Schmortopfs auslegen. Ein Drittel des Sauerkrauts hineingeben, dann 3 Karotten, die Zwiebeln, das Kräuterbündel, die Knoblauchzehe, eine zweite Schicht Sauerkraut, darauf die restlichen 2 Karotten und die in ein Stoffsäcklein gebundenen Wacholderbeeren, mit dem Rest des Sauerkrauts bedekken. Das Eisbein, den Speck, das gepökelte Schweinefleisch und die Knoblauchwurst in die Mitte geben und etwas ins Kraut drücken. Mit einer Schicht Schweinefett bedecken. Den Weisswein dazugeben und mit soviel Wasser auffüllen, dass das Sauerkraut zu drei Vierteln in der Flüssigkeit liegt. Zum Kochen bringen und dann 3 Stunden bei mittlerer Hitze im Ofen sanft garen. Wurst, Speck und Fleisch herausnehmen, wenn sie gar sind.

Die Kartoffeln kochen und schälen. Die Strassburger Würste kochen. Das Sauerkraut, mit den Würsten, den Fleischstücken und den Karotten umlegt, anrichten.

Courtine empfiehlt: Denken Sie daran, dass auch das Sauerkraut seine Saison hat und dass es davon unterschiedliche Qualitäten gibt. Es ist deshalb wichtig, es bei einem vertrauenswürdigen Händler zu kaufen.

Zu Sauerkraut nach Pariser Art trinkt Maigret Bier vom Fass.

– *«Nein, kein Sauerkraut für mich, aber Lothringer Eintopf würde mir gut passen.»* *Madame Maigrets Freundin*

Potée lorraine

Lothringer Eintopf

Für 6 Personen
1 geräucherte Schweineschulter, gut trockengetupft
400 g magerer Bruststpeck
1 Kochwurst
4 Lauchstangen, 1 Selleriestengel, 1 Bund Petersilie,
1 Bund Kerbel, 1 Knoblauchzehe
1 Zwiebel, mit Gewürznelken besteckt
1 Lorbeerblatt
4 Karotten, geputzt, geviertelt
4 weisse Rübchen, in Scheiben geschnitten
500 g Erbsen
150 g grüne Bohnen
1 Grünkohl, geputzt, in Blätter zerteilt, gewaschen
500 g Kartoffeln, geschält, gewaschen
Salz

Einen grossen Topf zur Hälfte mit Wasser füllen. Die Lauchstangen mit dem Selleriestengel, dem Petersilien- und dem Kerbelbund sowie der Knoblauchzehe zusammenbinden und mit der besteckten Zwiebel, dem Lorbeerblatt und einer Handvoll Salz in den Topf geben. Zum Kochen bringen.

Die Karotten, die weissen Rübchen, die Erbsen und die Bohnen ins kochende Wasser geben und 2 Stunden sanft köcheln lassen. Das Kräuterbündel herausnehmen. Den Grünkohl blanchieren und beigeben und, sobald die Bouillon wieder zum Kochen kommt, die Schweineschulter zufügen. Nach 1½ Stunden den Speck und die Wurst dazugeben und eine weitere ½ Stunde kochen.

Die Kartoffeln salzen und zum Eintopf geben, dessen Flüssigkeit inzwischen fast ganz verdampft sein sollte. Zudecken und weiterkochen, bis die Kartoffeln gar sind.

Courtine empfiehlt: Während des Kochens nicht im Eintopf rühren. Um sie anzurichten, die Gemüse mit einem Schaumlöffel herausnehmen, denn sie sind so durchgekocht, dass sie zerfallen. Dies aber ist gerade das Typische an diesem Eintopf. Manchmal püriert Madame Maigret die Gemüse, was ebenfalls eine originelle Beilage zum Fleisch abgibt.

Zum Lothringer Eintopf trinkt Maigret einen Gris de Toul.

GEMÜSE

Sie hatten mit Spargel begonnen, und danach tischte man ihnen Rochen an schwarzer Butter auf.

Asperges à la Fontenelle

Spargel mit Butter, Crème fraîche und Ei

Für 2 Personen
500 g Spargel, geschält, gewaschen und auf die gleiche Länge geschnitten
4 Eier
50 g Butter
50 g dicke Crême fraîche
Salz

Die Spargel bündeln und schnüren. Aufrecht in einen hohen, schmalen Topf stellen und diesen zu vier Fünfteln mit Wasser füllen. Leicht salzen und zum Kochen bringen. Sobald sie nach ungefähr 15 Minuten gar sind, aus dem Topf heben, abtropfen lassen, die Schnur entfernen und die Spargel in ein Tuch wickeln, um sie warm zu halten.

Die Eier weich kochen (Drei-Minuten-Eier).

Die Butter zerlassen und in eine kleine Schale geben. Die Crème fraîche ebenfalls in eine Schale geben und zusammen mit den Eiern zu den Spargeln servieren. Sie werden zuerst in die Butter, dann in die Crème fraîche und zuletzt ins Ei getunkt.

Courtine empfiehlt: weisse Spargel immer schälen und nicht nur bürsten.

Zu Spargel Fontenelle trinkt Maigret einen weissen Bordeaux Entre-deux-mers.

Maigret denkt flüchtig an die simmernden Steinpilze, die einen herrlichen Duft von Knoblauch und feuchtem Wald verbreiten. Er liebt Steinpilze über alles.

Maigret und das Dienstmädchen

Cèpes au four

Im Ofen überbackene Steinpilze

Für 4 Personen
1 kg grosse, festfleischige, schöne Steinpilze
bestes kaltgepresstes Olivenöl
150 g Paniermehl
einige Knoblauchzehen, sehr fein gehackt
Salz, Pfeffer

Die Steinpilze mit einem feuchten Tuch sorgfältig abwischen. Die Stiele wegschneiden und für ein anderes Gericht (z. B. eine Suppe oder eine Farce) verwenden.

Die Pilzhüte salzen und pfeffern, in sehr heissem Olivenöl kurz anbraten, herausnehmen und auf Küchenkrepp abtropfen lassen.

Den Knoblauch mit dem Paniermehl vermischen und damit die Unterseite der Pilzhüte füllen. Die Pilze in eine ofenfeste Form geben, jeden Pilz mit etwas Olivenöl beträufeln und im heissen Ofen 10 Minuten überbacken.

Courtine empfiehlt: Die edelste Steinpilzsorte, Herrenpilze, und möglichst stattliche, gleich grosse, nicht beschädigte Exemplare verwenden.

Zu ofengebackenen Steinpilzen trinkt Maigret einen Château Giscours.

– *«Was möchtest Du gerne zum Essen?»*
– *«Schinken, Kartoffeln an Öl und grünen Blattsalat . . . »*

Maigret und der Spitzel

Salade de pommes de terre

Kartoffelsalat

Für 6 Personen
1½ kg Kartoffeln (festkochende Sorte), geschält, gewaschen, in grosse Würfel geschnitten
200 ml Olivenöl
100 ml Weisswein
1 Kaffeelöffel Senf (vorzugsweise Champagnersenf)
Salz, Pfeffer aus der Mühle, Schnittlauch

Die Kartoffeln in kochendes Salzwasser geben und zugedeckt 12 Minuten garen. Dann abgiessen und in eine Schüssel geben.

Olivenöl, Weisswein, Senf sowie Salz und Pfeffer aus der Mühle zu einer Sauce verrühren, über die Kartoffeln giessen und gut mischen.

Den Schnittlauch mit der Schere in feine Röllchen schneiden und darüberstreuen.

Courtine empfiehlt: Das Geheimnis dieses Rezepts liegt darin, dass die noch heissen Kartoffeln mit der Sauce begossen werden.

Zu Kartoffelsalat trinkt Maigret einen Beaujolais Villages.

DESSERTS

Man brachte einen hausgemachten Apfelkuchen, und Kaffeeduft strömte aus der Küche.

Maigret und die schrecklichen Kinder

Tarte aux pommes bas-rhinoise

Apfelkuchen nach niederrheinischer Art

120 g Butter, weich
160 g Mehl
40 g Speisestärke
Salz
50 g Zucker
1 Ei, verquirlt
1 kg Äpfel (vorzugsweise Reinetten)

Guss:
400 ml Milch
100 g Puderzucker
1 Esslöffel Mehl
1 Esslöffel Speisestärke
1 Ei und 2 Eigelb
Muskatnuss
Puderzucker

Die weiche Butter mit dem Mehl und der Speisestärke, 1 Messerspitze Salz, dem Zucker und dem verquirlten Ei mischen und schnell zu einem Teig zusammenfügen. Auswallen und den Boden eines Kuchenblechs damit auslegen. Mehrmals mit einer Gabel einstechen.

Die Äpfel schälen, das Kerngehäuse entfernen, die Äpfel in Scheiben schneiden und damit den Teigboden kreisförmig auslegen. Im vorgeheizten Ofen bei 220 °C 20 Minuten backen.

Für den Guss zuerst den Puderzucker, dann das Mehl und die Speisestärke in die Milch einrühren. Das ganze Ei und die Eigelbe dazugeben, ein wenig Muskatnuss darüberreiben. Den Guss leicht aufschlagen.

Nach 20 Minuten den Kuchen aus dem Ofen nehmen. Den Guss darübergiessen und noch 10 Minuten weiterbacken. Aus dem Ofen nehmen und abkühlen lassen, dann mit Puderzucker bestreuen und aus der Form nehmen.

Courtine empfiehlt: Für diesen Kuchen (wie übrigens auch für andere Zubereitungen) niemals Äpfel der Sorte Golden Delicious verwenden.

Zum Apfelkuchen trinkt Maigret einen Elsässer Tokay (Pinot gris).

Es war ein saftiger Pflaumenkuchen, der nach Zimt duftete.

Maigret lässt sich Zeit

Tarte aux mirabelles

Pflaumenkuchen

200 g Mehl
1 Ei, verquirlt
100 g Zucker
1 Päckchen Vanillezucker
100 g Butter, weich

Belag:
3 Eier
120 g Puderzucker
50 g gemahlene Mandeln
80 g Mehl
Zimt
500 ml Milch
500 g reife Pflaumen, halbiert, entsteint

Karamel:
80 g Puderzucker
Butter
Zimt

Das Mehl in ein grosses Gefäss geben. In der Mitte eine Mulde machen, das Ei, den Zucker und den Vanillezucker hineingeben. Mit einer Gabel unters Mehl rühren. Die weiche Butter dazugeben und langsam mit dem Mehl vermischen. Den Teig schnell von Hand kneten. Kurz mit dem Handballen bearbeiten, um ihm eine glatte Konsistenz zu geben. Zu einer Kugel formen und 2 Stunden an einem kühlen Ort ruhen lassen.

In einem Topf die Eier und den Puderzucker mit einem Rührbesen schaumig schlagen, die gemahlenen Mandeln, das Mehl und etwas Zimt dazugeben und gut verrühren. Die Milch aufkochen und kochend darübergiessen, dabei dauernd kräftig schlagen. Aufs Feuer setzen und unter ständigem Rühren sanft köcheln lassen, bis die Masse sich verdickt. Vom Herd nehmen und abkühlen lassen.

Den Teig ½ cm dick auswallen. Ein gebuttertes Kuchenblech damit auslegen. Die abgekühlte Creme auf den Teigboden giessen. Die Pflaumen dicht darauf verteilen. Bei mittlerer Hitze (200 °C) ungefähr 35 Minuten backen. (Wenn die Teigränder vorher schon stark angebräunt sind, mit Alufolie abdecken.)

Für das Karamel den Puderzucker mit ein wenig Butter und Wasser schmelzen, mit Zimt bestäuben. Abkühlen lassen, loslösen und in kleine Splitter zerstampfen. Den Kuchen, sofort wenn er aus dem Ofen kommt, damit bestreuen.

Courtine empfiehlt: Zum Pflaumenkuchen trinkt Maigret Champagner (eine Cuvée Belle Époque) oder eventuell einen Vouvray.

... nach dem Wildkaninchen und dem Mandelkuchen, einer Spezialität von Madame Maigret ... *Neue Fälle für Maigret*

Tarte aux abricots à la frangipane

Aprikosenkuchen mit Mandelcreme

250 g Mehl
125 g Butter
1 gestrichener Teelöffel Salz

Belag:
100 g Mehl, gesiebt
100 g Puderzucker
1 Messerspitze Salz
1 Ei
4 Eigelb
½ l Milch
1 Vanilleschote
50 g Butter, zerlassen
30 g gemahlene Mandeln
125 g Puderzucker
1 kg reife Aprikosen, halbiert, entsteint
Zucker zum Bestreuen

Mehl, Butter und Salz zusammen mit 100 ml Wasser zu einem Mürbeteig zusammenfügen. Zu einer Kugel formen, in Folie wickeln und einige Stunden an einem kühlen Ort ruhen lassen.

Für den Belag Mehl, Zucker, die Messerspitze Salz, Ei und Eigelbe vermischen und 5 Minuten rühren. Die Vanilleschote in der Milch aufkochen und abkühlen lassen, dann darübergiessen. Langsam erhitzen und 2 Minuten unter ständigem Rühren kochen. Die Creme vom Herd nehmen. Die zerlassene Butter und die gemahlenen Mandeln beigeben und gründlich vermischen. In eine Schüssel giessen und abkühlen lassen.

Den Puderzucker in 125 ml kochendem Wasser auflösen und zu einem Sirup kochen. Die Aprikosenhälften darin pochieren. Abtropfen lassen.

Ein Kuchenblech ausbuttern. Mit dem Mürbeteig auslegen. Den Boden mehrmals mit einer Gabel einstechen. Mit Backpapier auslegen und mit getrockneten Bohnenkernen beschweren, damit der Teig beim Blindbacken nicht aufgeht. Im heissen Ofen bei 220 °C 20 Minuten backen.

Die Bohnenkerne und das Backpapier entfernen. Die Mandelcreme auf den Teigboden giessen, mit einem Löffelrücken glattstreichen. Die Aprikosenhälften darauf verteilen. Mit Kristallzucker bestreuen und servieren.

Courtine empfiehlt: Um zu vermeiden, dass die Mandelcreme beim Abkühlen auf der Oberfläche fest wird, ein Stück Butter auf eine Gabel aufspiessen und damit die noch warme Oberfläche bestreichen.

Den Zuckersirup kann man mit einem Glas Aprikosenlikör parfümieren.

Zum Aprikosenkuchen mit Mandelcreme trinkt Maigret einen Saint-Péray.

– *«Erlauben Sie, dass ich Ihnen meine Aufwartung mache?» Vielleicht wird es von diesem vorzüglichen Reiskuchen geben?*

Maigret bei den Flamen

Tarte au riz

Reiskuchen

250 g Mehl
125 g Butter
1 Prise Salz

Belag:
180 g Reis
1 l Milch
1 Bourbon-Vanilleschote
100 g Puderzucker
100 g Korinthen, in 50 ml weissen Rum eingelegt
50 g kandierte Früchte, klein gehackt

Mehl, Butter und Salz zusammen mit 100 ml Wasser zu einem Teig zusammenfügen. Zu einer Kugel formen, in Folie wickeln und einige Stunden an einem kühlen Ort ruhen lassen. Dann auswallen und damit ein gebuttertes Kuchenblech auslegen. Mehrmals mit einer Gabel einstechen.

Den Reis gründlich waschen. In kochendes Wasser geben und 5 Minuten kochen, dann abgiessen und abtropfen lassen.

Die Milch mit der Vanilleschote zum Kochen bringen, den Reis beigeben und auf sanfter Hitze, ohne zu rühren, 30 Minuten köcheln lassen. Den Puderzucker dazugeben und 15 Minuten weiterköcheln lassen.

Die Vanilleschote entfernen. Die Korinthen und die gehackten kandierten Früchte beigeben. Die Reismischung gleichmässig auf dem Kuchenboden verteilen und bei 220 °C 15 Minuten im Ofen backen. Grosszügig mit Puderzucker bestäuben und abkühlen lassen.

Courtine empfiehlt: Wenn man unpasteurisierte Milch verwendet, wird der Kuchen noch besser.

Zu Reiskuchen trinkt Maigret ein Gläschen Wacholderschnaps (Gin).

Das Dienstmädchen hatte gerade die Reistorte in die Mitte des runden Tisches gestellt, und Maigret fühlte sich verpflichtet, eine gleichzeitig überraschte und glückselige Miene zu machen, während Madame Maigret ihm einen schelmischen Blick zuwarf. *Maigrets Geständnis*

Gâteau de riz à la normande

Reistorte nach normannischer Art

1 l Milch
1 Bourbon-Vanilleschote
1 Messerspitze Salz
120 g Reis
4 Eigelb
60 g Puderzucker
25 g Butter, in kleine Würfel geschnitten

5 Äpfel (vorzugsweise Reinetten), geschält, das Kerngehäuse entfernt, in Schnitze geschnitten
Butter zum Dünsten
1 Päckchen Vanillezucker
1 Zitrone, abgeriebene Schale
100 g flüssiger Rahm
100 g Puderzucker für das Karamel

Die Vanilleschote mit einer Messerspitze Salz in der Milch zum Kochen bringen. Den Reis hineinstreuen und umrühren. Sobald die Milch wieder kocht, zudekken und 35 Minuten bei mittlerer Hitze (180 °C) im Ofen garen.

Herausnehmen, die Vanilleschote entfernen, leicht abkühlen lassen. Die Eigelbe in etwas gekochter Milch auflösen, zusammen mit dem Puderzucker und der Butter zum Reis geben. Mit einer Gabel vermischen, ohne die Reiskörner zu zerdrücken.

Die Äpfel mit etwas Butter in einer Sauteuse sanft dämpfen. Mit dem Vanillezucker und der abgeriebenen Zitronenschale bestreuen. Die Hälfte der Äpfel mit einer Gabel zerdrücken. Den Rahm aufkochen, mit den Äpfeln vermengen und unter den Reis mischen.

In einer Tortenform den Zucker karamelisieren, darauf die Äpfel auslegen, den Reis darübergeben.

Mit Alufolie bedeckt, im mässig heissen Ofen (200 °C) 40 Minuten backen. Abkühlen lassen und aus der Form nehmen.

Courtine empfiehlt: Zu dieser Süssspeise passt gut eine Creme oder ein Sirup, zum Beispiel Johannisbeer- oder frischer Himbeersirup, mit etwas Calvados abgeschmeckt.

Zur Reistorte trinkt Maigret einen alten, perlenden Apfelwein.

Er ging mit ihr in die «Halles» und stimmte sie auf Kutteln nach Caener Art und Crêpes Suzette ein, welche man ihnen in hübschen Kupferpfännchen servierte. *Mein Freund Maigret*

Crêpes Suzette

Crêpes mit Clementinenbutter

Für 4 Personen (12 Crêpes)
125 g feinstes Weissmehl
40 g Puderzucker
1 Prise Salz
3 Eier
250 ml Milch
2 Kaffeelöffel Curaçao
3 Clementinen, Saft

Parfümierte Butter:
2 Zuckerwürfel
2 Clementinen (unbehandelt), heiss gewaschen, Schale und Saft
60 g Butter
40 g Puderzucker
2 Kaffeelöffel Curaçao

Mehl, Puderzucker und Salz vermischen und in eine Schüssel sieben. In die Mitte eine Mulde drücken, ein Ei hineinschlagen und mit einem Holzlöffel unter das Mehl rühren. Die beiden anderen Eier, eines nach dem anderen, dazugeben und ebenfalls einrühren. Die Milch aufkochen, dann abkühlen lassen und kalt nach und nach unter ständigem Schlagen in die Masse einarbeiten, um einen glatten dickflüssigen Teig zu erhalten. 1 Stunde ruhen lassen.

Für die parfümierte Butter die zwei Zuckerwürfel an der Schale der Clementinen reiben. Die Butter glattrühren, den Puderzucker gründlich daruntermischen. Die zwei parfümierten Zuckerwürfel, den Saft der Clementinen und den Curaçao beigeben und glatt und geschmeidig rühren.

Die 2 Kaffeelöffel Curaçao und 2 Kaffeelöffel Clementinensaft zum Crêpeteig geben und aus dem Teig etwa 12 kleinere Crêpes ausbacken (siehe dazu den Hinweis unten). Jede Crêpe sofort mit einem Kaffeelöffel parfümierter Butter bestreichen, zur Hälfte, dann zum Viertel zusammenschlagen und auf eine vorgewärmte Platte anrichten oder sofort servieren.

Courtine empfiehlt: Um die Crêpes herzustellen, benötigt man eine kleine Omelettenpfanne (15 cm Durchmesser) mit möglichst niedrigem Rand und dickem Boden. Man giesst ein wenig flüssige geklärte Butter oder Öl hinein, dann mit einer Schöpfkelle den flüssigen Teig. Wenn die Crêpe Farbe annimmt, wenden und die zweite Seite ebenfalls goldbraun backen. Auf eine vorgewärmte Platte gleiten lassen und so weiterfahren.

Zu Crêpes Suzette trinkt Maigret Champagner (Mumm de Mumm).

Sie taten sich mit Hochgenuss an ihren Kalbsmilken gütlich, fuhren mit winzigen Koteletts fort und beendeten die Mahlzeit mit Erdbeertorte. *Maigret und die verrückte Witwe*

Gâteau aux fraises

Erdbeertorte

150 g Puderzucker
3 Eier
200 g Mehl
1 Päckchen Trockenhefe
350 g Walderdbeeren, in etwas Essigwasser gewaschen, trockengetupft
Erdbeerlikör
400 g Crème fraîche
125 g Puderzucker

Den Puderzucker mit den Eiern schaumig schlagen. Nach und nach das Mehl, die Hefe und ein Likörglas Wasser dazugeben und gut verrühren.

Die Walderdbeeren mit etwas Mehl bestreuen, zusammen mit einem Gläschen Erdbeerlikör unter den Teig mischen. Den Teig in eine ausgebutterte Tortenform geben und im vorgeheizten Ofen bei mittlerer Hitze (180–200 °C) 40 Minuten backen.

Die Crème fraîche und den Puderzucker mit dem Rührbesen schaumig schlagen, aufhören, sobald die Masse steif genug ist, sich zwischen den Drähten des Rührbesens zu halten.

Die Torte aus dem Ofen nehmen, abkühlen lassen und aus der Form nehmen. Mit der geschlagenen Crème fraîche bestreichen.

Courtine empfiehlt: Zu Erdbeertorte trinkt Maigret Rosé-Champagner.

Sie speisten in aller Ruhe und konnten den Mandelkuchen, den die Wirtin ihnen persönlich servierte, nachdem sie sich die Hände an ihrer Schürze abgewischt hatte, nicht zurückweisen.

Maigret und Monsieur Charles

Gâteau aux amandes

Mandelkuchen

250 g Mehl
125 g Zucker
125 g Butter
2 Eier

Belag:
200 g frische Mandeln
250 g Zucker
1 Päckchen Vanillezucker
1 Esslöffel Noyau de Poissy (bitterer Mandelschnaps)
2 Eier, getrennt
50 g Butter, zerlassen

Mehl, Zucker, Butter und die Eier zu einem glatten Teig zusammenfügen. Einige Stunden ruhen lassen.

Den Teig auswallen, eine Form damit auslegen und den Boden mit der Gabel einstechen.

Die Mandeln schälen und im Mörser zerstampfen oder im Cutter pürieren. Den Zucker, den Vanillezucker, den Mandelschnaps, je nach Grösse 1 oder 2 Eigelb und die zerlassene Butter beigeben und gründlich mischen. Die Eiweiss steif schlagen und unterziehen. Die Mandelmasse auf den Teigboden geben und den Kuchen bei sanfter Hitze (180 °C) 45 Minuten im Ofen backen. Abkühlen lassen.

Courtine empfiehlt: Man kann den Noyau de Poissy durch einen anderen Schnaps oder Likör ersetzen. Wenn Mister Pyke seinem französischen Kollegen zum Beispiel eine Flasche reinen Malzwhisky gebracht hätte, hätte es Madame Maigret zweifelsohne damit versucht.

Zu Mandelkuchen trinkt Maigret einen Sauternes (Château Climens).

Steinpilze nach Bordeleser Art – Hähnchen in Wein – Mokkatorte – Beaujolais – alter Armagnac . . .
– «Hat Ihnen das Mittagessen geschmeckt, Monsieur Maigret?» fragte die überschwengliche Mélanie, die mehr als nur eine berühmte Persönlichkeit zu ihren Gästen zählte und sie alle mit mütterlicher Vertrautheit behandelte. «Ich hatte Ihnen doch eine Kopie des Rezepts für Madame Maigret gegeben. Hat sie es ausprobiert?» *Maigret verliert eine Verehrerin*

Gâteau au moka

Mokkatorte

8 Eier, getrennt
250 g Puderzucker
150 g Stärkemehl
1 Esslöffel Zitronensaft

Creme:
250 g Butter
4 Eiweiss
200 g Puderzucker
3–4 Esslöffel Kaffee-Essenz (konzentrierter Bohnenkaffee)

Die Eigelbe mit dem Puderzucker gründlich verrühren. Die Eiweisse zu steifem Schnee schlagen und zusammen mit dem Stärkemehl darunterziehen. Mit dem Zitronensaft parfümieren.

Eine hohe Tortenform ausbuttern und die Masse hineinfüllen. 1 Stunde bei sanfter Hitze (180 °C) im Ofen backen. Auskühlen lassen. Die Torte aus der Form nehmen und horizontal durchschneiden (zu Tortenscheiben von etwa 1½ cm Dicke).

Für die Creme die Butter cremig schlagen. Die Eiweisse zu steifem Schnee schlagen, mit dem Puderzukker vermischen und auf sanftem Feuer gründlich verrühren. Vom Feuer nehmen, die Kaffee-Essenz und unter ständigem Schlagen die cremiggerührte Butter einarbeiten. Die Tortenscheiben damit bestreichen und aufeinandersetzen. Mit dem Rest der Mokkacreme die Oberfläche bestreichen.

Courtine empfiehlt: Man kann einige Tropfen Weinbrand in die Mokkacreme geben. Die Kaffee-Essenz lässt sich auch mit Kakaolikör vermischen.

Zur Mokkatorte trinkt Maigret einen Champagner «Grande Dame».

Sie assen rustikale Rillettes, Hähnchen in Weisswein, und, nach dem Ziegenkäse, Baba au rhum.

Maigret und der Messerstecher

Baba au rhum

Rosinenkuchen mit Rum

250 g Mehl
20 g Bäckerhefe
2 Esslöffel lauwarme Milch
100 g Butter
1 Messerspitze Salz
3 Eier
90 g Puderzucker
100 g Korinthen, in braunen Rum eingelegt

Glasur:
125 g Zucker
200 ml brauner Rum
Salz

Die Bäckerhefe in der lauwarmen Milch auflösen. Mit 60 g Mehl vermischen und zu einem weichen Teig arbeiten. An einem warmen Ort mehrere Stunden gehen lassen. Die Butter, die Messerspitze Salz, die Eier, das restliche Mehl und den Puderzucker zum aufgegangenen Teig geben und 10 Minuten von Hand gut durchkneten. Die abgetropften Korinthen daruntermischen.

Den Teig in eine grosszügig gebutterte Ringform füllen und bei mittlerer Hitze (180 °C) 50 Minuten im Ofen backen.

Für die Glasur den Zucker mit ½ l Wasser und dem Rum aufkochen und den Sirup über den warmen Kuchen giessen.

Courtine empfiehlt: Zu Baba au rhum trinkt Maigret Champagner (Krug).

Zum Dessert brachte Rose eine Riesenplatte mit Profiterolen, und die alte Frau beobachtete den Kommissar mit schelmischen Augen. *Maigret hat Angst*

Profiteroles au chocolat

Schokoladewindbeutel

200 g Butterr
4 Zuckerwürfel
1 Messerspitze Salz
250 g Mehl
4 Eier
1 Eigelb zum Bestreichen

Sauce:
250 g ungezuckerter Kakao
100 g Zucker
2 Kaffeelöffel Kartoffelstärkemehl

½ l festes, gut gezuckertes Vanilleeis

Die Butter und die Zuckerwürfel zusammen mit der Messerspitze Salz in ½ l Wasser kurz aufkochen lassen und vom Herd nehmen.

Das Mehl auf einmal in die noch sehr heisse Flüssigkeit schütten und mit einem Holzlöffel kräftig rühren. Die Pfanne auf den Herd zurückstellen und auf mittlerem Feuer den Teig unter ständigem Rühren trocken werden lassen. Sobald sich ein zusammenhängender Teigkloss gebildet hat, der sich vom Topfboden löst, vom Herd nehmen. Eines nach dem anderen die 4 Eier beigeben, dabei jedes gründlich und kräftig einrühren, bis es vollständig eingearbeitet ist.

Den Teig in nussgrossen Kugeln auf ein grosszügig gebuttertes Blech setzen. Mit Eigelb bestreichen und im auf 200 °C vorgeheizten Ofen 25 Minuten backen. Die Windbeutel aufgehen, aber nicht zu stark Farbe nehmen lassen, damit sie nicht zu trocken werden. Aus dem Ofen nehmen und abkühlen lassen.

Für die Sauce Kakao und Zucker in 200 ml Wasser aufkochen und 10 Minuten sanft köcheln lassen, dabei ständig mit einem Holzlöffel rühren, damit sich keine Klümpchen bilden. Das Kartoffelstärkemehl in etwas kaltem Wasser auflösen und zum heissen Kakao giessen, damit er eindickt. Auf dem Feuer einige Minuten rühren, so dass eine dickflüssige, glatte Sauce entsteht. Die Windbeutel mit dem Vanilleeis anrichten und mit kochendheisser Kakaosauce übergiessen.

Courtine empfiehlt: Süssmäuler können den Kakao durch Schokolade ersetzen, doch der Kenner ist sich bewusst, dass der Genuss der Profiterolen aus dem Gegensatz der Süsse des Eises und der Bitterkeit der Sauce, der Kälte des Eises und der Wärme der Sauce entsteht.

Zu Profiterolen trinkt Maigret Champagner oder gelegentlich einen Asti spumante.

Während Maigret das Dessert ass, nahm er wahr, wie seine Frau ihn beobachtete, ein mütterliches, ein klein wenig neckisches Lächeln auf den Lippen. Er tat so, als ob er nichts merkte, machte sich über seinen Teller her, vertilgte einige Löffel Milchomelett, bevor er aufschaute.

Maigret und die kopflose Leiche

Œufs au lait

Milchomelett

1 l Milch
1 Bourbon-Vanilleschote
150 g Puderzucker
4 Eier

Die Vanilleschote und den Zucker in der Milch zum Kochen bringen. Die Eier schaumig schlagen. Unter Rühren in die heisse Milch mischen. In eine ofenfeste Form giessen, die Vanilleschote entfernen und 45 Minuten bei sanfter Hitze (180 °C) im Ofen garen.

Courtine empfiehlt: Man kann mit dem Parfum spielen und anstatt Vanille Orangenblütenwasser, Rum oder Anis verwenden.

Zu Milchomelett trinkt Maigret Muscat.

– *«Eine Idee! Ich werde Dir eine Zitronencreme machen . . . Ich hoffe, sie überlassen mir die Küche . . . »*

Maigret und der Verrückte von Bergerac

Crème au citron

Zitronencreme

1 l Milch
2 Kaffeelöffel Zitronenextrakt
100 g Zucker
6 Eigelb

Die Milch mit dem Zitronenextrakt und dem Zucker aufkochen, etwas abkühlen lassen.

Die Eigelb schaumig schlagen und unter ständigem Schlagen zur Milch geben.

Die Creme im Wasserbad weiterschlagen (darauf achten, dass sie nie kocht). Sobald sie die gewünschte Konsistenz erreicht hat, herausnehmen, passieren und abkühlen lassen.

Courtine empfiehlt: Man kann der Creme, bevor man sie passiert, einen Kaffeelöffel Kirsch beigeben.

Zur Zitronencreme trinkt Maigret Eiswasser.

Und da er Grippe hatte, würde Madame Maigret ihm morgen eine Karamelcreme machen.

Die Aussage des Ministranten

Crème au caramel

Karamelcreme

225 g Zucker
10 g Butter
1 l Milch
6 Eigelb

Aus 150 g Zucker und der Butter ein dunkles Karamel kochen. Vorsichtig 3 Kaffeelöffel Wasser beigeben und das Karamel zum Schmelzen bringen.

Die Milch aufkochen und das flüssige Karamel einrühren.

Die Eigelbe mit den restlichen 75 g Zucker gründlich vermischen. Nach und nach unter ständigem Rühren die heisse Milch dazugiessen. Alles in einen Topf geben und sanft erhitzen. Rühren, bis die Creme eindickt und den Löffel überzieht.

Courtine empfiehlt: Wenn die Creme gerinnt, kann man sie retten, indem man sie mit dem Rührbesen aufschlägt.

Zur Karamelcreme trinkt Maigret Frontignant (starker, süsser Muskateller aus dem Midi).

– «Ich weiss es nicht, ich war mit der Zubereitung der Creme beschäftigt . . .» *Madame Maigrets Liebhaber*

Crème au chocolat

Schokoladencreme

125 g Kochschokolade, zerkleinert
½ l Milch
4 ganze Eier, getrennt, 1 Eigelb
100 g Zucker

Die Schokolade mit 3–4 Esslöffeln heissem Wasser in eine Pfanne geben und schmelzen. Die Milch beigeben und aufkochen lassen.

In einem Topf die 5 Eigelb mit dem Zucker schaumig schlagen. Nach und nach die Schokolade daruntermischen. Wieder aufs Feuer setzen und, ohne dass es zum Kochen kommt, rühren, bis die Creme dick genug ist. Vom Feuer nehmen. Die Eiweisse steif schlagen und unter die Creme ziehen. Die Creme unter Rühren nochmals kurz bis vors Kochen bringen. In Schalen anrichten.

Courtine empfiehlt: Man kann auch spanische Schokolade mit Zimt verwenden oder die Creme aromatisieren, indem man mit dem heissen Wasser einen Esslöffel Cognac, Rum, Armagnac, Malzwhisky o. ä. beigibt. Auf jeden Fall darf die verwendete Schokolade nur wenig gezuckert sein.

Zur Schokoladencreme trinkt Maigret Eiswasser.

GLOSSAR

Abfetten/entfetten: Fett von heisser oder kalter Bouillon, Suppe, Sauce, Fond usw. vorsichtig abschöpfen oder mit saugfähigem Papier entfernen. Bei erkalteter Flüssigkeit einfacher auszuführen, da das Fett auf der Oberfläche schwimmt.

Abflammen: Gerupftes Geflügel kurz über eine offene Flamme (Kerze, Gas) halten, um Feder- und Kielreste abzubrennen.

Bardieren: Mageres Fleisch, Geflügel oder Fisch mit dünnen, sehr fetten Rückenspeckscheiben (Bardierspeck) umhüllen und mit Küchengarn festbinden, damit das Fleisch beim Braten nicht austrocknet. Kurz vor Ende der Garzeit den Speck entfernen und das Bratgut noch etwas bräunen lassen.

Binden (bridieren): Fleisch, Geflügel oder Fisch mit Bridiernadel und Küchengarn brat- oder kochfertig in Form binden. Beim Geflügel werden die Keulen und Flügel so an den Körper gebunden, dass die Brust sich vorwölbt und das Fleisch gleichmässig garen und bräunen kann.

Blanchieren (abbrühen): Kochgut kurz in Salzwasser überwallen, um es vorzugaren oder um Verunreinigungen, unangenehmen Geruch oder Geschmack zu entfernen.

Braisieren: Schmoren, d. h. Fleisch oder Gemüse in Fett von allen Seiten kräftig anbraten, dann mit Flüssigkeit (Bouillon, Wein, Wasser) ablöschen und gut zugedeckt unter mehrmaligem Wenden langsam garen.

Corail: Rogen, die rötlichen Eier von Krusten- und Schalentieren.

Farce/farcieren: Füllung, füllen.

Geflügelklein: Vom Bratgeflügel abgetrennte Teile wie Hals, Flügel, Füsse, Kopf, Magen, Nieren, Leber, Herz.

Kräuterbündel (Bouquet garni): Frische Kräuter nach Belieben (Petersilie, Rosmarin, Majoran, Thymian, eventuell auch Estragon, Bohnenkraut und Dill) zusammen mit Lorbeerblatt und Gewürznelken zu einem Sträusschen gebunden, welches zum Würzen und Verfeinern von Bouillon, Saucen und Suppen dient. Vor dem Anrichten entfernen.

Mehlbutter (Beurre manié): Butter und Mehl zu gleichen Teilen verknetet, zum Binden von Saucen, Suppen, Gemüsegerichten.

Parieren: Von Fleisch oder Fisch Haut, Sehnen und Knorpel entfernen und das Fleisch sauber zurechtschneiden.

Passieren: Durch ein Sieb oder Tuch giessen, um feste Bestandteile zurückzubehalten.

Pochieren: Zartes, empfindliches Kochgut wie Fisch, Milken, Geflügel, Eier usw. knapp unter dem Siedepunkt gar ziehen lassen.

Reduzieren/einreduzieren: Einkochen, bis die gewünschte Konsistenz erreicht ist.

Sautieren: In einer Stielpfanne/Schwenkpfanne (Sauteuse) kleingeschnittenes zartes Fleisch, Wild, Geflügel, Fisch oder Gemüse unter Schwenken in Fett rasch anbraten.

Spicken: In Streifen geschnittenen Rückenspeck (Spickspeck) mit der Spicknadel durch mageres Fleisch ziehen oder mit einem spitzen Mes-

ser im Fleisch kleine Einschnitte anbringen und in 2 cm lange Stücke geschnittene Spickspeckstreifen hineindrücken.
Tournieren: Gemüse und Kartoffeln in hübsche, gleichmässige Formen schneiden.
Viergewürzepulver: Mischung aus Pfeffer, Muskatnuss, Nelke sowie Zimt oder Schwarzkümmelsamen. Auch als Fertigprodukt erhältlich.
Hinweis zu den verwendeten Fettstoffen: In den Rezepten wird – getreu ihrem währschaft-ländlichen Ursprung – oft reichlich Fett, insbesondere Schweinefett, verwendet. Natürlich lässt sich dieses in der Menge etwas reduzieren oder allenfalls durch andere Fettstoffe ersetzen.
100 ml = 10 cl = 1 dl = ⅒ l.

REZEPTVERZEICHNIS

BILDNACHWEIS

Doisneau/Agentur Rapho: Seite 11, 33, 61, 69, 82–83, 113, 122–123, 149, Umschlag vorne
Agentur Keystone: Seite 9, 23, 35, 139, 156–157, 182–183
Niepce/Agentur Rapho: Seite 101, 197
Charles/Agentur Rapho: Seite 49
Ronis/Agentur Rapho: Seite 169
Cohen/Agentur Agip: Seite 29
D. R., Editions Robert Laffont: Seite 19